KB159311

디지털
심미안

디지털 심미안

K-뷰티에서 찾은 디지털 세대의 미적 욕망

아시아의 미 13

초판 1쇄 인쇄 2022년 7월 5일
초판 1쇄 발행 2022년 7월 15일

지은이   김애라
펴낸이   이영선
책임편집   김종훈

편집   이일규 김선정 김문정 김종훈 이민재 김영아 이현정 차소영
디자인   김회량 위수연
독자본부   김일신 정혜영 김연수 김민수 박정래 손미경 김동욱

펴낸곳 서해문집 | 출판등록 1989년 3월 16일(제406-2005-000047호)
주소 경기도 파주시 광인사길 217(파주출판도시)
전화 (031)955-7470 | 팩스 (031)955-7469
홈페이지 www.booksea.co.kr | 이메일 shmj21@hanmail.net

ⓒ 김애라, 2022
ISBN 979-11-92085-49-4 94330
ISBN 978-89-7483-667-2 (세트)

《아시아의 미Asian beauty》는 아모레퍼시픽재단의 지원으로 출간합니다.

아시아의 미
Asian beauty 13

디지털
심미안

K-뷰티에서 찾은
디지털 세대의
미적 욕망

김애라
지음

서해문집

prologue ————————————————————————

아시아에서 큰 인기를 얻고 있는 한국의 한 뷰티 크리에이터의 인스타그램을 보자. 화려하게 메이크업을 한 여성이 미소 지으며 스크린을 응시하고 있다. 그녀는 명품 브랜드 로고가 박힌 티셔츠를 입었고, 갈색 컬러 렌즈를 꼈다. 은빛 머리와 붉은 입술, 다홍색 아이섀도가 은은하게 발린 눈매가 깊고 그윽해 보인다. 이 여성의 팔로어(follower) 수는 약 796만 명이다. 이 여성이 업로드한 사진에는 수십만 개의 '좋아요'가 눌리고, 1000개가 넘는 댓글이 달린다. 댓글의 대다수는 이 여성의 아름다움을 찬양하거나 그러한 아름다움을 따라하려면 무엇을 해야 하는지 묻는 질문이다.

댓글은 한국어뿐 아니라, 영어는 물론이고 중국어, 일본어, 태국어 등 다양한 언어로 쓰여 있다. "너무 아름답다", "제가 가장 좋아하는 언니다", "I love you"와 같은 감탄 섞인 댓글은 물론이고, "omg!! are you in malaysia!! can I meet u?", "are u having another event in kl again?", "planning to come to SG?"와 같이 현재 이 여성이 머물고 있는 국가의 팬들과 이 여성이 자신의 국가에 방문해주기를 바라는 팬들의 댓글도 달린다. 또 "이 메이크업 영상 찍어주세요", "그 눈 화장 어떻게 하는지 제발 알려주세요", "렌즈 정보 알려주세요", "(메이크업의) 튜토리얼을 올려주세요"와 같은 요청도 가득하다.

소셜미디어에서 흔하게 볼 수 있는 이러한 장면은 현재 한국 여성은 물론이고 아시아 여성에게 아름다움은 어떤 영역의 것인지, 어떻게 아름다움에 도달할 수 있다고 생각하는지를 보여준다. 지금 아름다움은 디지털 테크놀로지로 인해 개입적, 참여적 통로를 발견하게 된 동시대 젊은 세대들의 얼굴과 분위기, 삶의 태도에 대한 디지털 재현물로부터 드러나고 있다.

이 연구는 경제적으로 급성장한 환경에서 자란 아시아의 소비 중심적 세대의 아름다움에 관한 욕망이 디지털 테크놀로지를 매개로 발현될 때, 그 아름다움이 어떻게 드러나며 어떤 공통의 레퍼런스를 공유하는지, 이것이 현재 아시아의 미(美)에 어떤 의미를 가지는지에 대한 질문으로부터 출발한다.

오늘날 아시아, 한국의 아름다움은 디지털미디어가 매개하는 네트워크와 멀티미디어 형식을 빼놓고는 논할 수 없다. 한류와 소셜미디어를 바탕으로 아시아에 형성된 '뷰티'는 디지털 테크놀로지가 매개한 얼굴의 색과 모양의 변형 가능성, 네트워크를 경유하는 정보와 소비 상품 그리고 이 정보를 공유하는 아시아 여성 커뮤니티를 통해 형성되고 있다.

우선, 한류문화는 아이돌과 드라마라는 문화 상품뿐만 아니라, 이를 기반으로 한 세련되고 매력적인 외모와 분위기의 재현 방식 등을 포괄한다. 한류를 기점으로 한국의 로드 숍 화장품이 아시아 각국으로 뻗어나가고, 중국과 한국에서 개발한 셀피 앱(애플리케이션)이 아시아 지역에서 성공하고 있다. 이는 아시아 여성 사이에 성형과 화장의 공통된 경향 그리고 이를 기반으로 자신을 전시하는 방식에 관한 유사 레퍼런스가 존재함을 알려준다. 이 트랜스 아시아적 공간을 통해 아시아 여성은 현대 아름다움의 주요 레퍼런스로 작동하는 공간을 공유하게 됐다.

또한 2010년 이후 유튜브, 인스타그램 등을 매개로 한류는 기존의 드라마, K-팝 중심성을 넘어 좀 더 광범위한 영역에서 아시아 팬 간의 교류를 가능하게 만들어주고 있다. 이 같은 초국적 네트워크와 디지털 테크놀로지 덕분에 오늘날 아시아 여성은 매력적이고 아름다운 아시아인이 이전보다 더 자주 보이는 세계에 살고 있다. 아시아라는 공동체 속에서 타 인종에 비해 상대적으로 서로 비슷한 얼굴을 가졌다는 인식은 아시아 여성들로 하여금 서로가 서로를 매력이나 아름다움의 실질적 레퍼런스로 활용토록 한다.

즉 시공간을 초월해 소셜라이징을 가능케 해준 글로벌 소셜미디어 콘텐츠와 한류, 공통의 문화권으로 상상되는 아시아라는 공간성 속에서 동시대 아시아 여성의 미적 감각이 디지털 테크놀로지를 매개로 네트워크화되고 있는 것이다. 특히 유튜브, 인스타그램과 같은 소셜미디어 콘텐츠 확산을 발판 삼아 아름다움에 관한 공통의 레퍼런스는 보다 손쉽게 그리고 빠르게 공유되고 있으며, 이와 같은 공통의 세밀하고 방대한 정보를 통해 오늘날 일종의 아시안 뷰티 범주를 만들어가고 있다.

이 책에서는 부분적이나마 아름다움의 실천을 둘러싼 한국 디지털 세대 여성의 경험과 뷰티 콘텐츠로부터 아시아의 미를 탐색한다. 이를 위해 크게 두 가지를 살펴본다. 첫째, 디지털미디어가 매개되면서 나타나는 아름다움의 특징과 이에 관한 인식과 실천의 특수성을 분석한다. 둘째, K-뷰티(콘텐츠)의 특수성과 인기의 배경 그리고 한국 여성의 뷰티 콘텐츠 수용을 둘러싼 경험을 바탕으로 동시대 10~20대 여성이 느끼는 아름다움의 의미를 탐색한다. 구체적으로는 소비자본주의와 스마트폰, 소셜미디어가 대중화한 환경에서 자란 여성의 아름다운 얼굴, 셀피 만들기와 뷰티 콘텐츠를 둘러싼 디지털미디어적 실천을 살펴본다. 또한 K-뷰티와 그 콘텐츠에서 드러나는 아시아적 혹은 한국적 아름다움의 의미 그리고 아시아에서 팬덤을 형성하고 있는 한국의 뷰티 콘텐츠와 그 수용자를 중심으로 디지털미디어가 매개하는 아름다움에 관한 인식과 경험인 '디지털 심미안'을 살펴보려 한다.

이 책의 연구는 2015년에서 2019년 사이에 이루어졌다. 2015~2017년에는 17~19세 여성, 2018~2019년에는 20대 초반 여성에 대한 심층면접과 뷰티 콘텐츠 분석을 했는데, 이를 통해 2020년 현재 10~20대 여성의 아름다움에 관한 경험과 관점을 탐구하고자 했다. 이제 막 뷰티 콘텐츠가 등장하고 대중화하기 시작한 시기였던 2010년대 중후반에 10대 후반이었던 이들은 소셜미디어가 대중화되면서 인스타그램이나 페이스북 등을 통해 자신의 이미지를 적극적으로 업로드하고 뷰티 콘텐츠를 본격적으로 소비하기 시작한 1세대라 할 수 있겠다.

2015~2017년에 수행한 연구에서는 소셜미디어 속 네트워크와 스마트폰의 카메라 및 다양한 촬영과 보정 앱 등 디지털 테크놀로지의 매개성을 중심으로 이들이 소셜미디어 속 자기표현의 한 형식인 '셀피'를 통해 아름다움에 대해 어떤 경험을 하고 생각을 하는지 살펴보았다. 소셜미디어에 자신의 이미지를 자주 업로드하고 스스로 뷰티에 관심이 높다고 생각하는 10대 여성

21명을 만나 심층면접을 수행했고, 해당 면접은 주로 두세 시간 가량 이루어졌다. 면접 과정에서 파악된 뷰티 유튜버와 연구 참여자의 소셜미디어를 지속적으로 관찰했고, 셀피와 관련해 언급된 다양한 앱을 분석했다. 이 내용은 주로 2장에서 다룬다.

2018~2019년에 이루어진 연구에서는 주로 뷰티 콘텐츠를 중심으로 크리에이터와 여성 구독자에 대해 다룬다. 뷰티 콘텐츠의 수용자인 여성이 아름다움에 대해 어떤 인식을 가지고 있으며 어떤 실천을 하고 있는지 자신과 아름다움의 관계에 관해 질문했고, 디지털미디어의 특수성에 초점을 맞추어 분석하고자 했다. 이를 위해 유튜브와 인스타그램 구독자 수 기준으로 상위 5위 안에 랭크된 뷰티 크리에이터의 콘텐츠와 그 댓글을 분석하고, 스스로를 뷰티 콘텐츠 헤비 유저라고 여기는 10~20대 여성 일곱 명에 대한 심층면접을 수행했다.

심층면접은 2016년 10월부터 2018년 9월 사이에 이루어졌고, 한 명당 세 시간가량 진행됐다. 여성 사이에서 아름다움의 대표적 인물로 여겨지는 뷰티 크리에이터와 그 팬덤 네트워크를 매개로 하여 여성의 아름다움에 대한 감각과 경험의 특수성에 대해 물었다. 주로 뷰티와 관련한 다양한 실천, 생각 그리고 뷰티 콘텐츠와 관련한 경험에 대해 질문했다. 소셜미디어의 뷰티 콘텐츠에 대한 분석은 2017년 3월부터 2020년 9월 사이에 이루어졌고, 심층면접 전에 미리 뷰티 콘텐츠를 중심으로 형성된 여성의 댓글, 후기 공유, 추천 등의 소셜미디어 활동과 뷰티 크리에이터 및 콘텐츠에 관한 내용을 살펴보았다. 그리고 심층면접 과정에서 연구 참여자가 언급한 뷰티 크리에이터와 콘텐츠를 다시 살펴보는 방식으로 이루어졌다.

연구 참여자는 대부분 실용적 목적이나 킬링 타임용으로 하루의 빈 시간 대부분을 뷰티 콘텐츠를 구독하고 있었다. 그들은 공통으로 뷰티 콘텐츠가 한국에서 이렇게까지 인기가 높은 이유를 '그래야 이 사회에 끼일 수 있기 때문'이라고 대답하는 등 우리 사회의 '뷰티'와 '여성' 간 긴밀한 상관관계에 대해 비판적으로 인식하고 있기도 했다. 이들 가운데에는 '탈코르셋 운동'에 동참함으로써 뷰티 콘텐츠를 이전보다 덜 보게 됐다는 여성도 있었다.

모든 연구 참여자는 공통적으로 2013~2014년경부터 뷰티 콘텐츠를 접하기 시작해 면접 조사 당시까지 약 3~5년 동안 뷰티 콘텐츠를 구독하고 있었고, 각기 특정 뷰티 크리에이터의 팬이었다. 연구 참여자는 한국의 뷰티 콘텐츠의 흐름, 인기의 경향성 등 지형을 잘 파악하고 있었으며, 화장법과 화장품에도 매우 풍부한 지식을 보유하고 있었다. 또한 국내 뷰티산업 전반에 관한 동향 분석 등을 들려주기도 했다. 즉 뷰티 분야에 매우 다양하고 풍부한 레퍼런스를 가지고 있었다.

표 1. 연구 참여자 1 (2015~2017)

사례	학교 (나이)	인터넷/ 스마트폰 사용 시기	연구 참여자의 특성
A	자사고 (17)	초등학교 5/ 중학교 1	성적 중상위권의 여고생으로, 고등학교 2학년에 접어들면서 입시 준비를 위해 페이스북을 탈퇴했다. 뷰티 크리에이터인 포니의 팬이며, 성형수술에 관심이 많고 대학 진학 후 계획도 있다.
B	자사고 (17)	7세/ 중학교 2	화장과 성형, 다이어트 등 외모 가꾸기에 관심이 많다. 온라인을 통해 다양한 뷰티 정보를 수집하고 쇼핑에 자주 활용한다.
C	특성화고 (19)	초등학교 3/ 중학교 3	화장과 셀피 촬영에 관심이 많다. 카카오톡 프로필 사진 설정 등을 중요하게 생각한다. 현재는 고3으로 중소기업의 디자이너로 취직되어 졸업 후 일하게 될 예정이다.
D	홈스쿨링 (16)	중학교 1/ 중학교 1	중학교를 자퇴하고 홈스쿨링을 하고 있다. 셀피 촬영을 즐긴다. 거의 매일 셀피를 찍고 보정하는 것이 일상 속 즐거움이다. 외모 가꾸기에 기본적으로 관심이 많고 온라인에서는 오프라인에서보다 더 좋은 사람으로 보이고 싶어 한다.
E	특성화고 (20), 전문대 재학	10시간	고2 때부터 페북 스타로 활동해오고 있다. 고등학교 1학년 때 우연히 친구들과 동영상을 찍어서 페이스북에 업로드한 것을 계기로 페이스북에서 인기를 얻게 됐다. 현재 전문대학에서 미용을 전공하고 있다.

F	일반고 (19)	초등학교 3/ 중학교 3	고등학교 졸업 후 웨딩플래너과 진학을 희망하고 있다. 화장에 대한 기본적인 관심 정도가 있다. 웨딩플래너과에 진학하고 취직을 하기 위해서는 외모를 아름답게 가꾸어야 한다는 조언을 주변으로부터 많이 듣고 있어서 외모 가꾸기에 대한 노력을 더 해야 한다고 생각한다.
G	일반고 (19)	초등학교 3/ 중학교 2	10대를 위한 쇼핑몰을 운영 중이다. 이 같은 사연으로 한두 차례 지역신문에 인터뷰가 실리기도 했다. 초등학교 때 처음 온라인 쇼핑몰에 들어가 본 뒤부터 패션에 관심이 많아져 어렸을 때부터 꿈이 패션 쇼핑몰 운영이었다. 자신의 페이스북을 통해 쇼핑몰을 홍보하고 있으며, 셀피 보정에 능하다. 고등학교를 졸업하면 전문대학의 관련 학과에 진학할 예정이다.
H	자사고 (18)	초등학교 3/ 중학교 2	외모 규제가 심한 여자 고등학교에 다닌다. 다른 학교 여학생들처럼 진한 화장을 할 수는 없지만 허용 한도 내에서는 화장을 하는 편이다. 화장은 중2 때부터 했다. 요즘은 매일같이 쌍꺼풀을 만드는 '쌍액'을 바르는 것이 화장의 시작이다. 온라인에서 자신이 어떻게 보일지 매우 중요하게 생각해서 셀피에 신경을 많이 쓴다.
I	일반고 (17)	초등학교 3/ 중학교 1	성형에 관심이 높다. 성형 정보는 인터넷을 통해 자주 찾아보는 편이다. 주로 블로그에 올라오는 후기와 성형 정보 카페 글을 읽고 있다.
J	특성화고 (19)	초등학교 1/ 중학교 3	동대문 쇼핑몰의 의류 매장에서 인턴을 하며 디자이너의 꿈을 키우고 있다. 화장과 성형에 관심이 높다. 페이스북 등에 셀피를 자주 업로드한다.

K	특성화고 (18)	초등학교 1/ 중학교 2	화장은 중2 때부터 시작해서 중3 때부터는 또래 친구들과 함께 풀 메이크업을 시작했다. 화장하는 것에 부모의 통제가 없어서 편하게 화장을 시작했다. 여성에게 외모가 매우 중요하다고 생각하며, 친구를 사귈 때도 외모가 중요한 영향을 미친다고 생각한다.
L	일반고 (18)	초등학교 4/ 중학교 1	외모에 관심이 매우 높다. 강남 8학군의 명문 여자고등학교에 재학 중이고, 중산층 이상의 자녀라 아르바이트는 필요 없지만, 자신이 원하는 만큼 화장품과 옷을 구매하기 위해 종종 아르바이트를 하기도 한다.
M	자사고 (18)	7세/ 중학교 2	심심할 때 가장 많이 찾아보는 것은 옷이나 신발과 같은 정보다. 화장법도 찾아보며 따라 하고 싶은 것은 캡처 해놓는 편이다. 쇼핑할 때는 평소 온라인에서 봐둔 것을 참고해서 비슷한 옷이나 화장품을 구매한다.
N	일반고 (17)	초등학교 1/ 중학교 1	화장품과 화장법에 관심이 크다. 자신의 페이스북으로 팔로우(follow) 하는 뷰티 관련 페이지는 200여 가지다. 카카오톡으로 로드 숍 계정과 친구를 맺어 신제품과 할인 판매 소식에 밝다.
O	특성화고 (18)	초등학교 1/ 중학교 1	체육대학에 진학하고 싶어 한다. 함께 다니는 친구들에 비해 몸무게가 많이 나가는 편이라 늘 다이어트를 시도 중이다. 화장과 셀피 촬영을 매우 즐긴다. 셀피를 찍을 때 너무 많이 보정해서 '셀기꾼'이라는 별명이 있다.

| | P | 일반고
(19) | 7세/
중학교 2 | 학교 댄스 동아리에 속해 있다. 셀피와 공연 영상을 자신의 페이스북에 자주 올린다. 외모 가꾸기에 관심이 있고 자신의 외모에 자신이 있는 편이다. 자신의 매력적인 모습을 다른 사람에게도 보여주고 싶다는 생각이 들어 셀피를 자주 남긴다. |
| | Q | 중학교
(16) | 초등학교 1/
중학교 1 | 친구 따라 틴트를 처음 산 이후 조금씩 화장에 관심을 가지기 시작했다. 엄마에게 화장을 약간 배운 뒤 주로 유튜브를 통해 화장품을 추천받고 화장법을 배우고 있다. |

표 2. 연구 참여자 2 (2017~2020)

사례	연령	직업	스마트폰 첫 사용 시기	뷰티 콘텐츠의 첫 구독 시기	자주 보는 뷰티 크리에이터	뷰티 콘텐츠 구독의 주요 목적	비고
가	21세	대학생	중학생	고등학교 2학년	이사배, 한별	실용, 킬링 타임	
나	17세	고등 학생	초등학생	중학교 2학년	없음	실용	탈코르셋 운동 동참
다	24세	대학생	고등학생	대학교 1학년	데이지, 이사배	실용	
라	26세	회사원	고등학생	대학교 1학년	이사배, 라뮤끄	실용	탈코르셋 운동 동참
마	18세	고등 학생	초등학생	중학교 2학년	다또아, 이사배	실용, 재미	
바	25세	회사원	고등학생	고등학교 3학년	이사배, 포니, 유트루, 라뮤끄	실용	

사	23세	대학생	중학생	대학교 1학년	홀리, 이사배, 라뮤끄	킬링 타임, 실용	

표 3. 뷰티 유튜버의 콘텐츠 내용과 구독자 수(2020년 기준)

이름	콘텐츠 소개 글	주요 콘텐츠와 특징	구독자 수	댓글 내용과 분위기
포니	–	• 커버 메이크업, 각종 상황에 맞춘 메이크업, 색조 화장 중심 콘텐츠 업로드 • 글로벌 메이크업 사업을 펼치고 있음 • 국내를 넘어 아시아에서 특히 인기가 높음	476만 명	• 해외 팬이 무척 많음 • 포니가 론칭한 화장품 제품에 관한 질문, 후기 등도 자주 올라옴
이사배	–	• 특수 분장, 커버 메이크업, 데일리 메이크업을 주로 업로드 • 색조 화장뿐만 아니라 피부 관리 콘텐츠도 업로드 • 특수 분장으로 초반 인기를 얻었다고 평가받음	205만 명	• 이사배의 외모와 성격에 대한 팬덤이 형성되어 있음 • 팬과 직접 잘 소통한다는 점에서 긍정적 댓글이 많음
라뮤끄	오늘보다 내일 더 예뻐지세요^^	• 다양한 종류의 메이크업을 소개하며 종종 커버 메이크업도 함 • 가장 인기 있는 콘텐츠는 일반인 구독자의 신청을 받아 직접 외모 콤	139만 명	• '라뮤끄 성형외과' 콘텐츠의 경우 신청자의 외모 콤플렉스로 인한 부정적 반응에 관한 공감과 지지가 대다수를 차지함

		플렉스를 보완하는 메이크업을 해주는 '라뮤끄 성형외과'	• 라뮤끄의 메이크업 실력과 외모 콤플렉스를 가진 여성에 대한 힘 돋우기 관련 언행에 관한 지지 댓글이 주를 이룸
하 코 냥	korean makeup artist	• 10대 메이크업의 대표적인 크리에이터로 자신을 소개함 • 교복 입은 10대 여성을 초대해 메이크업을 해줌 • '방과 후 메이크업', '홑꺼풀 학생 메이크업', '입학식 메이크업' 등과 같이 학교생활과 관련된 콘텐츠나 10대가 주로 화장품을 구매하는 로드숍 화장품을 리뷰 하는 콘텐츠가 주를 이룸	349k (34만 명)	• 콘텐츠 자체가 10대 여성을 대상으로 하기 때문에 댓글을 주로 남기는 구독자 역시 10대 여성임 • '학생이 하기 좋은 메이크업'을 해준다는 점에 감사해하거나 특별한 요청, 질문 등이 주요 댓글의 내용임. "저희 학교는 화장이 금지예요"라든가 "기초화장품 쓰는 법 알려주세요" 등 고민 혹은 궁금함에 관한 질문 등이 특히 많음
소 수 빈	뷰티, 일상 05년생 유튜버 소수빈입니다!!♥ 항상 감사합니다 ♥ 인스타, 페북, 틱톡: 소수빈 SNS로 와주시면 저랑 더 소통하실 수 있어요! 비즈니스 문의는 sosubin050522@ gmail.com으로	• 최근 구독자와 조회수가 급증 중인 크리에이터 • 2005년생이라는 것 그리고 2020년 현재 중학교 3학년이라는 점을 전면에 내세워 또래 여성에게 호응을 얻고 있음 • 콘텐츠의 기본 형식은 메이크업 전과 후의 차이를 노골적으로 보여주는 것	102k (10만 명)	• 소수빈의 콘텐츠를 '귀엽게' 보는 성인 구독자도 있지만, 댓글을 남기는 적극적 구독자 대다수가 초등학생, 중학생임. 이는 소수빈 스스로 중학생임을 내세우고 있으며 방학이나 시험 기간, 소풍 등 또래와 공유할 만한 비슷한 일상을 콘텐츠 주제로 잡고 있기 때문으로 보임

	연락주시면 감사하겠습니다! 선물 주소: 서울시 마포구 월드컵로 10길 5-6 클래스써틴	• 이 두 가지 요소, 즉 '중딩'이자 화장을 통해 특정 구독자 층을 정확히 타기팅 하여 공감을 이끌어내는 것이 단기간 내 많은 인기를 얻고 있는 전략으로 보임		• "수빈님 예뻐요"와 같은 댓글이 다수를 차지하고, 구독자가 수빈과 동일 경험이 있음을 공유하거나 궁금한 점을 묻는 댓글이 주를 이룸
씬님	안녕하세요 뷰티 크리에이터 씬님입니다. 새로운 메이크업 영상이 보고 싶다면 구독 버튼 눌러주세요!	• 광고와 무관한 솔직한 화장품 리뷰로 인기 • 전형적인 여성적 메이크업 외에 남성 아이돌 커버 메이크업, 엽기 메이크업 등 업로드	161 만 명	• 씬님의 화통한 성격이 매력으로 작동함 • 예쁜 외모에도 이른바 예쁜 척하지 않는 점, 유머를 녹여낸 콘텐츠 등에 매력을 느낀다고 이야기하는 댓글이 많음
회사원 A	보통 회사원입니다. 화장하는 게 제일 좋아	• 물속에서 메이크업하기, 다이소 화장품으로 풀메이크업하기, 세상에서 제일 비싼 만 원짜리 파운데이션 발라봤다 등 독특한 소재를 활용한 뷰티 콘텐츠 제작	117 만 명	• 독특한 콘셉트를 주로 하는 만큼 그에 관한 놀라움 섞인 반응이 주를 이룸 • 콘텐츠에 등장하는 고가의 미용 제품에 관한 토론이 이루어지기도 함
사례 C	뷰티에 관련된 콘텐츠 위주로 올리고 있지만 종종 일상적인 영상도 올리고 있답니다!	• 뷰티 콘텐츠로 시작했지만 점차 결혼, 임신, 육아로 확장함 • 하지만 뷰티 콘텐츠 업로드 비율이 압도적으로 높고 최근 임신, 육아를 하면서 성역할에 대한 비판적 콘텐츠도 업로드	59 만 명	• 외모 칭찬 댓글이 많고, 최근 결혼, 출산, 육아를 거친 뷰티 콘텐츠로서 종종 업로드하는 육아 콘텐츠에 대해 공감과 지지 댓글이 늘어나는 추세

| 홀리 | 홀리의 메이크업 꿀잼핵잼 | • 반반 메이크업, 비포와 애프터의 차이를 강조하는 콘텐츠로 유명함
• 이러한 차이를 활용해 코믹한 콘텐츠를 게시하기도 함 | 45만 명 | • 뷰티 유튜버 가운데 전형적으로 날씬하고 아름다운 외모로 여겨지지 않음에도 메이크업을 통해 아름다운 얼굴을 보여준다는 점에서 팬들 사이에서는 '진짜 프로', '예술가' 등으로 평가받음
• 특히 홀리의 외모와 관련한 남성 이용자의 악성 댓글은 일시적이나마 여성 구독자의 여성 외모의 사회적 기준에 관한 비판적 논의의 장을 형성케 함 |

여성과 아름다움에 대한 논의

I

디지털 시대의
여성과 아름다움
탐색하기

RLJ 카바메이크업 'How You Like That' JENNIE Cover Makeup l 이사배(RISABAE Makeup)

👍 29K 👎 571 ↗ SHARE ⬇ SAVE ⋯

SUBSCRIBE

여성과 아름다움에 대한
논의

여성 규범으로서의 아름다움과 여성의 주체성

지배적인 미의 이상을 실현하지 못했다는 실패의 경험은 여성을 심각한 몸 이미지 문제와 몸에 대한 혐오로 이끈다.[1] 여성의 몸은 먹을 때마다 칼로리를 계산하고 트렌디한 패션 쇼핑과 헤어스타일 가꾸기 등 언제나 많은 시간과 주의, 향상과 유지를 해야 하는 '공사 중'이며 '작업 중인 공간'으로 보인다.

물론 여성은 외모를 가꾸는 과정에서 때로는 즐겁고 임파워도 경험한다. 대체로 여성은 스스로 생각하는 '나의 멋진 모습'을 탐색하기 전에 이미 우리 사회에서 매력적이라고 여겨지는 스타일의 패션과 화장, 몸 관리 등을 시도한다. 이런 과정은 대체로 좌절과 분노를 불러일으키지만, 일종의 자유로운 느낌과 '여성'으로서 혹은 어떤 소속감을 가질 수도 있다.

여성의 아름다움을 향한 욕망과 실천 그리고 그 의미에 대한 분석은 곧 동시대 여성에게 여성이라는 젠더 수행의 의미와 그 효과란 무엇인지에 대한 분석이라고 할 수 있다. 이는 특정 사회에서 젠더 구축의 조건에 대한 것이기도 하다. 여성과 아름다움의 관계는 근대성과 성별 분업, 소비자본주의, 글로벌 미디어, 신자유주의 등 당대의 사회경제적 변화의 문맥 속에서 구축돼 왔다.[2]

여성과 아름다움, 더 정확히는 여성의 아름다움을 향한 욕망과 실천에 관해 페미니스트의 연구는 여성의 아름다운 외모에 관한 욕망이 문화적으로 구성돼왔음을 밝혀왔다.[3] 사회적 지위와 권력을 남성이 소유한 가부장제 사회에서 여성은 남성에게 선택받음으로써 남성의 자산을 공유하려 한다. 따라서 여성의 외모 관리는 미래를 위한 투자로 이해되며, 여성의 몸은 관리의 대상으로 여겨졌다.[4]

아름다움의 이상이 여성의 몸을 규율하는 주요 이데올로기로 작동해왔음을 밝히는 작업은 곧 여성이 여성성의 규범으로 부과되는 아름다움에 대해 갖는 욕망과 그 적극적 실천의 조건 및 의미를 탐색하는 것이었다. 즉 어떻게 아름다움을 욕망하는 여성 '주체'가 되는지에 관한 질문인 것이다. 이와 같은 질문에 대해 우선 샌드라 바트키(Sandra Lee Bartky)는 가부장제 사회에서 여성은 파놉티콘의 감시자인 남성의 시선을 내면화하며 자신의 몸을 감시, 훈육함으로써 '유순한 몸'[5]을 가지게 된다고 주장한다. 바트키의 논의는 여성의 몸에 가해지는 외부 압력의 체화를 중요하게 고려함으로써 성별화된 존재로서의 여성 주체의 사회문화적 조건을 가시화해준다.

하지만 여성의 아름다움에 관한 욕망에 대해서는 보다 복잡한 상황과 맥락을 설명할 필요가 있다. 그런 점에서 한서설아는 여성의 다이어트를 가리켜 날씬한 여성만을 '여성'으로 호명하는 사회문화적 맥락에서 '여성'이라는 안정된 정체성을 확보하고 유지하고자 하는 적극적인 노력으로 분석한다. 여성의 아름다움 추구에는 자신의 성역할이나 성 정체감 및 여성성을 인식하는 동시에 그에 저항하는 행위 모두가 포함되며, 이는 여성으로서의 삶에 적응하고자 하는 일련의 노력이라고 할 수 있다.[6]

날씬한 몸에 관한 여성의 욕망, 그 가운데서도 여성의 거식증 등 섭식장애에 관해 연구한 수전 보르도(Susan Bordo)는 여성과 아름다움의 관계를 좀 더 복합적이고 복잡하게 볼 필요가 있음을 이야기한다. 보르도는 여성의 날씬함에 관한 욕망과 실천에서 보이는 여성의 주체성을 적극적으로 분석한다. 예컨대 여성의 거식증은 마른 몸의 여성을 호명하는 가부장제 사회에 대한 저항이자 자기 몸에 대한 통제력 행사를 통한 힘 돋우기의 경험적 측면이 있다는 것이다. 하지만 거식증은 결국 여성 스스로를 죽음에 이르게 하기 때문에 그것이 갖는 저항적, 쾌락적 의미는 결과적으로 무용해지고 가부장제 질서는 계속 유지된다고 설명한다.

여성과 아름다움에 관한 기존의 연구는 여성과 아름다움의 관계를 계속해서 상대화할 수 있는 논의의 장을 만들어왔다. 이러한 연구는 여성의 아름다움을 위한 실천은 여성에게 실제적 권능과 쾌락을 가져다주는 동시에, 기존의 젠더 질서 유지에 기여한다는 점에서 분명한 한계를 내포하고 있음을 강조한다.

앞선 논의들은 아름다움에 관한 여성의 욕망과 실천이 단순히 사회문화적 구조에 의한 일방적 억압 혹은 단순한 허위의식의 결과물이 아니라 부단한 협상과 타협의 결과이며, 따라서 보다 복잡하게 살펴볼 필요가 있음을 강조해왔다. 중요한 것은 여성의 욕망에 대한 남성적 통제라는 관점뿐만 아니라, '새로운 모양'을 받아들인 여성의 관점 역시 분석되어야 한다는 점이다. 예컨대 여성은 자신의 욕망에 새겨진 여성성의 상징을 벗겨내야만 했다. 이러한 맥락에서 '날씬함'은 젠더적 의미를 가진다. 게다가 자기 몸에 대한 통제 능력, 즉 자기 정복이라는 남성적 능력을 갖는다는 점에서 날씬한 여성은 전통적 여성 운명에서 해방되는 것이다. 즉 소비와 생산 그리고 젠더가 겹쳐져서 엄격히 관리된 '날씬한' 몸이 현대 여성의 이상적 몸매로 결정된 것이다. 현대 여성이나 빅토리아 시대 여성의 이상적 몸매가 날씬함이었다는 것은 같지만 그 의미는 다르다. 어느 시대의 어떤 몸도 문화의 흔적과 성별화된 이미지의 영향을 받는 것이다.

최근에는 이와 같은 아름다움과 여성에 관한 논의와 달리 아름다움의 의미 자체를 재해석하고 여성이 추구할 권리로서 주장하는 논의가 등장했다. 페미니스트 미학에 대한 논의에서 김주현은 여성의 외모 가꾸기를 더 적극적으로 해석할 필요가 있다고 주장한다. 이성애적 여성성이 곧 아름다움으로 인식되는 구도 자체를 비판하며, 여성에겐 다양한 아름다움을 추구할 권리가 있다는 것이다. 따라서 여성의 외모 가꾸기 행동이 단순히 남성을 유혹하기 위한 행동이기만 한 것이 아니라, 여성 스스로의 의지에 기반해 자신의 자아 이미지를 확장할 수 있도록 하는 하나의 방법이라는 것이다.[7]

이와 같은 논의는 오늘날 보다 복잡해지고 있는 여성과 아름다움의 관계적 측면을 반영한다. 또한 소비자본주의와 포스트페미니즘에서 말하는 권리이자 주체성의 표현으로서 소비적 여성성의 수행을 권장, 옹호하는 측면에서 오독될 가능성이 존재한다. 현재 한국 사회에서 뷰티 콘텐츠의 인기와 수많은 여성 뷰티유튜버의 탄생은 여성의 아름다움을 위한 실천과 관련된 지식을 다양화하고, 실제로 아름다움을 추구하는 방식과 기존의 젠더화된 아름다움에 대한 상대화의 공간을 마련하고 있기도 하다. 오늘날 미디어는 더 이상 일방향으로만 작동하지 않으며, 아름다움의 이상 역시 그런 방식으로만 여성에게 인식되지 않는다. 소셜미디어는 쌍방향 소통을 기반으로 하며, 그에 따라 좀 더 다양한 아름다움에 대한 형식과 내용이 등장하고 있다. 실제로 자신의 아름다움을 추구하면서 추구하는 과정 자체를 매우 다양한 방식으로 콘텐츠화하고 또 즐기는 오늘날의 여성에게 아름다움은 더 이상 규범이기보다 놀이이자 즐거움, 향유의 대상, 선택지인 것처럼 보인다.

포스트페미니즘과 소비자본주의 속에서 외모 관리의 이데올로기에 포섭되는 여성 몸의 범주는 보다 세밀해졌고, 아름다움의 규범이 적용되는 연령 범주는 청소년은 물론 어린이, 노인에게로 확장됐다. 오늘날 여성의 아름다움에 관한 욕망은 그 형태와 상황이 다소 달라진 것처럼 보인다. 그렇다고 각종 외모 관리 상품이나 서비스, 미디어 콘텐츠를 적극적으로 향유하는 여성이 자유롭고 해방된 주체적 존재라고 단언하기는 어렵다. 하지만 분명한 것은 이와 같은 현상과 아름다움에 관한 여성의 적극성에 대해 비판적 입장을 견지하는 것과 별개로 여성으로 하여금 이와 같은 방식의 행위성을 발현토록 하는 조건 그리고 그러한 조건 속에서의 '여성'의 수행에 대해서 묻는 것은 필요한 작업이라는 것이다. 그것은 곧 여성이 여성의 것으로 여겨지는 아름다움에 관해 가지는 욕망과 실천 그리고 그것을 위치 짓는 조건의 변화를 살펴보는 것이다. 이를 통해 여성이 만들어내는 아름다움의 의미 체계에 변화가 있는지, 여성의 아름다움은 동시대의 어떤 조건과 연결되어 있는지, 그리고 '여성'의 수행을 조건 짓는 것은 무엇인지에 대한 설명을 부분적이나마 제공할 수 있을 것이다.

디지털미디어와 여성의 아름다움에 대한 의미 생산

좋은 삶을 예시하는 미디어는 아름다운 몸과 스타, 유명인과 모델의 이미지로 가득하다. 그들은 편안하게 웃고 있으며 젊은 에너지로 가득하고 고급스러운 환경 속에서 최신 소비 상품에 둘러싸여 있으며 기억할 만한 경험을 즐기는 것으로 재현된다.[8] 보르도는 대중매체가 지속적으로 보여주는 몸의 이미지에 대해 그것은 아무렇게나 만들어진 것이 아니라 지배적인 성, 인종, 계급으로 물들어 있는 이미지[9]라고 설명했다. 그리고 이 이미지는 끊임없이 몸과 아름다움의 정상성과 비정상성을 생산하고, 개인의 욕망과 불안을 자극하며, 자발적 복종을 이끌어낸다.[10]

대중매체는 특히 아름다움의 이상을 강화하고 각기 다른 문화권의 여성이 그것을 공유하는 데 강력한 영향력을 행사해왔다. 글로벌 미디어를 매개로 하여 여성은 전 세계의 뷰티 제품이나 동일한 패션 브랜드의 이름을 잘 알고 있으며, 이를 소비함으로써 아름다움의 이상에 기여한다. 그동안 많은 연구가 여성이 아름다움의 이상을 학습, 내재화하는 주요 기제로 미디어를 분석해왔다.[11]

대표적으로 나오미 울프(Naomi Wolf)는 여성 잡지에 대해 '뷰티 포르노그래피'라고 신랄하게 비판했다. 남성 잡지에 실리는 '가벼운 포르노그래피'[12]와 유사하다고 주장한다. 여성의 몸 일부를 페티시화하고 판타지를 외연화하며, 또한 여성 간의 신체 차이에 기반한 분노를 생산한다는 것이다. 하지만 1990년대 서구의 페미니스트 문화 연구자는 여성 잡지가 '페미니스트적 내용'을 다룬다는 점에서 여성 잡지를 통한 새로운 여성 주체 형성의 가능성을 적극적으로 타진하기도 했다. 이들의 연구는 주로 재현 방식과 그 영향력, 여성성 위반의 가능성 등에 관한 문제를 다루었다. 소비자와 시장 모두에서 상품화된 여성은 여성으로 그려질 공간을 생산할 뿐 아니라, 자기 생산의 다양한 가능성을 만들어낸다는 것이다.

이후 페미니스트 연구자는 1990년대의 여성 잡지나 텔레비전 드라마 등의 대중매체와 소비자본주의를 거치면서 젊은 여성에게 여성성은 축하할 만한 것, 자유이자 권리이고, 여성 되기는 즐거운 것이라는 생각이 적극적으로 받아들여진 것에 대한 비판적 논의를 내놓기 시작했다.[13] 대표적으로 로절린드 길(Rosalind Gill)은 여성의 독립과 자기 삶의 통제권 확보라는 페미니즘 담론이 신자유주의적으로 전유된 측면에 대해 논한 바 있다. 오늘날 여성의 독립과 주체적 삶은 마치 상품 및 서비스의 구매와 그 능력을 통해 달성될 수 있는 것처럼 재현되고 있다는 것이다. 이들에게 아름다움은 자신의 선택, 즉 주체성을 내보이는 하나의 수단이자 자기 정체화의 방식인 것이다.

여성의 아름다움에 대한 한국 연구자의 논의 역시 미디어가 동시대 미의 판단 기준이 될 수 있는 메시지를 수용자에게 계속 제공함으로써 아름다움에 대한 여성의 인식에 실제로 영향력을 행사한다고 분석했다. 특히 미디어가 생산해내는 여성의 성적 대상화와 소비자본주의에 대해 비판적으로 논의해왔다.[14] 미디어에서 재현되는 여성의 몸은 단지 성차를 드러내고 차별적 성역할에 대한 사회적 담론을 반영하는 것이며, 점차 새로운 상업적 볼거리로서 외적인 아름다움을 유지토록 하는 요구는 더욱 거세지고 정교해지고 있다.[15] 이 같은 지점에서 많은 연구가 한국의 성형산업과 미용산업의 급성장[16]과 소비자본주의 확산의 맥락에서 여성의 외모 관리를 위한 실천이 점차 일반화되고 있음을 비판적으로 분석한다.

기존 연구와 달리 이 책에서 주목하는 것은 디지털미디어를 매개로 한 여성의 아름다움에 대한 경험이다. 기존 연구는 여성의 아름다움에 대한 생물학적 결정론을 상대화하고 문화적, 정치경제적으로 사고할 수 있는 논의를 제공해왔다. 그리고 본 연구 역시 그러한 논의의 계보에 위치한다. 하지만 이와 별개로 변화한 미디어 환경은 여성이 아름다움을 경험하는 형식의 변화, 아름다움을 인식하는 관점의 변화를 이끌기도 한다. 동시대성과 매체 변화의 영향력을 고려하는 측면에서 그 변화를 탐구하는 작업은 필수적이다. 이는 곧 여성과 아름다움의 관계가 문화적이고 정치경제적인 것임을 논증하는 작업이다.

동시대 여성은 달라진 미디어 환경을 매개로 여성 규범의 일환으로서의 여성성과 아름다움에 관한 의미 생산에 참여하고 있다. 이들 사이에서 아름다움은 소셜미디어 플랫폼이나 각종 카메라 앱 같은 소프트웨어 및 디지털 기기 그리고 각종 (상품) 정보와 이를 일상적으로 사용하는 여성 이용자 간의 상호작용 속에서 구축되고 있다. 예컨대 인스타그램의 뷰티 콘텐츠는 여성으로 하여금 여성과 아름다움의 관계에 대해 자신의 이야기를 만들게 하는 주요 매개체다. 따라서 오늘날 여성이 경험하는 아름다움의 변화와 그 의미를 탐구하기 위해서는 디지털 테크놀로지의 역할을 중요하게 고려할 필요가 있다.

텔레비전 드라마나 광고 등에서와 달리 여성 이용자의 직접적 미디어 참여는 아름다움과 여성의 관계, 아름다움의 범주나 재현 방식 등을 다양화하는 데 영향을 미친다. 여전히 여성의 태생적 아름다움은 높은 평가를 받고 있으나, 이와 별개로 아직 주류의 변화라고는 할 수 없지만 더 이상 아름다운 외모를 가진 여성만이 아름다움을 실현하는 주체로서의 대표성을 띠지는 않는다. 혹은 전형적으로 '여성적'이라고 여겨지는 스타일에서 탈피하기도 한다. 인기 있는 뷰티 유튜버 가운데는 사회적으로 '아름답다'고 여겨지지 않는 여성이 꽤 존재하며, 오히려 이러한 점에서 많은 구독자를 보유하게 되기도 한다.

디지털미디어가 매개체로 작동하면서 여성이 아름다움을 접하는 방식, 아름다움에 대한 욕망을 표현하거나 그것을 의미화하는 방식, 아름다움을 실천하는 형식 등은 달라진다. 관객으로서 재현 대상을 적극적으로 평가하고 여성 이용자 스스로 자신을 재현하는 등 굉장히 역동적인 과정 자체를 콘텐츠로 한 미디어 경험을 하게 된다.

또한 디지털 테크놀로지의 물질적 특성인 연결성과 실시간성, 편재성은 여성으로 하여금 아름다움에 대한 공통의 장을 보다 용이하게 형성케 한다. 소셜미디어를 매개로 아름다움을 인식하고 실천하는 여성의 아름다움 공간은 디지털 테크놀로지가 가진 속성이 만들어낸다고 할 수 있다. 이는 기존의 전통에는 없던 것이다. 즉 오늘날 여성에게 아름다움의 의미는 디지털 리터러시(digital literacy)의 맥락 속에서 형성되고 또 공유된다. 더 이상 아름다움은 텔레비전이나 잡지에서 제시되는 방식으로만 경험되지 않는다. 아름다움에 대한 행위와 인식은 디지털미디어를 매개로 네트워크화하고 있다.

오늘날 한국에서 급성장한 뷰티산업과 주류 디지털 콘텐츠로 부상한 뷰티 콘텐츠, 이른 시기부터 뷰티산업의 주 고객층으로 등장한 10~20대 여성, '뷰티'를 매개로 하는 온라인 '여초(女超)' 커뮤니티(여성이 남성보다 많은 커뮤니티라는 뜻의 신조어) 등은 여성과 아름다움의 관계가 어디에서 생산되는지를 보여준다. 디지털 시대 여성의 아름다움은 디지털 테크놀로지와 그것이 매개하는 공간 및 쾌락 그리고 그 속의 관계에서 만들어지고 있다. 이때 '여성'은 디지털 테크놀로지라는 특정한 조건 속에서 부단히 생산되고 또 변형된다. 아름다움이 여성이라는 젠더 수행의 주요 수단으로 인식되는 지금, 디지털 테크놀로지 환경에서 만들어지는 아름다움은 또한 디지털 환경에서 '여성'이 누구인지 말해줄 수 있을 것이다.

디지털 심미안이란

네트워크를 통한 초지역적, 횡단적 아름다움의 구성

자기 계발적 변형성/수행성

조형적이고 변형 가능한 아름다움과 기존 여성성의 해체, 재구성의 장

2

'디지털 심미안'을
구성하는 아름다움의
개념

디지털
심미안
이란

전기와 엔진이 산업사회를 가능케 해주었다면, 소프트웨어는 글로벌 정보사회를 가능케 해주고 있다. '지식 노동자', '상징 분석가', '창의산업' 그리고 '서비스산업' 등 정보사회의 핵심 경제 주체 중 어느 것도 소프트웨어 없이는 존재할 수 없다.[1] 공히 네트워크 시대, 소셜미디어 시대로 불리는 현재 소프트웨어는 권력관계를 생산하는 장치로서 어디에나 편재한다.[2]

오늘날 여성의 아름다움에 관한 다양한 재현 방식과 그 실천에서도 예외가 아니다. 디지털 문화에서 아름다움의 형식은 스마트폰이나 소셜미디어 플랫폼 등 디지털 테크놀로지에 착근되어 있다. 오늘날 디지털미디어는 아름다움을 보는 방식, 아름다움에 대한 인식 그리고 그와 관련한 경험을 만드는 기술이다.[3] 특히 비인간 주체, 예컨대 스마트폰, 네트워크, 소셜미디어 같은 디지털미디어, 디지털카메라, 이미지 보정 소프트웨어 등은 소셜미디어 문화에서 형성, 공유되는 아름다움의 형식과 그 의미 생산에 지대한 영향력을 행사한다.[4] 오늘날 젊은 여성이 인식하는 아름다움은 소셜미디어 플랫폼이나 각종 카메라 앱 같은 소프트웨어와 디지털 장치 그리고 각종 (상품) 정보와 이를 일상적으로 사용하는 여성 이용자 간의 상호작용 속에서 구축된다. 따라서 현대 여성이 추구하는 아름다움의 변화와 그 의미를 탐구하기 위해서는 디지털 테크놀로지의 역할을 중요하게 고려할 필요가 있다.

이 책에서는 디지털 시대의 아름다움을 '디지털 심미안'으로 개념화해 설명하고자 한다. 디지털 심미안이란 '온라인 공간을 중심으로 디지털 테크놀로지가 매개하여 형성, 공유되는 아름다움에 관한 인식과 그 실천'을 뜻하는 개념으로 디지털 시대 아시아 여성이 아름다움을 어떻게 경험하는지 포착하고자 고안했다.

'디지털 심미안'은 디지털 시대인 오늘날 아름다움이 여성 간 네트워크, 기술과의 네트워크, 상품/시장과의 네트워크를 통해 형성된다는 것을 나타낸다. 구체적으로 스마트폰, 네트워크, 소셜미디어 등의 디지털미디어, 디지털카메라, 이미지 보정 소프트웨어 같은 비인간 주체의 영향력이 어떤 아름다움을 만들어내는지에 주목한다. 그리고 디지털 테크놀로지와 그 이용자인 여성의 상호작용을 통해 구축되는 소셜미디어 문화에서 중요하게 지지되는 자기 전시와 정보의 공유, 이를 통한 즐거움 그리고 연결된 상태가 여성의 현대적 아름다움의 요소에 포함된다는 문제의식을 내포한다.

이 연구는 여성과 아름다움에 관한 페미니스트의 연구 계보에서 디지털 테크놀로지가 주요하게 매개하는 오늘날 여성의 아름다움을 독해하려는 시도다. 여성과 아름다움, 더 정확히는 아름다움을 얻으려는 욕망과 실천에 관한 기존의 연구는 여성의 아름다운 외모에 대한 욕망이 문화적으로 구성되는 것임을 밝혀냈다.[5] 대표적으로 울프는 자신의 책《아름다움의 신화》에서 여성의 아름다움의 이상에 관한 이 같은 문화적 요인을 분석하며, 가부장적 신념 체계가 여성에게 아름다움의 '표준'을 부여하고 있다고 비판했다.[6]

오늘날 몸은 기꺼이 변형될 수 있으며 변형되어야만 하는 대상이다. 디지털그래픽의 발전과 디지털카메라의 대중화는 원하는 대로 자신이 소유한 이미지를 변형할 수 있는 장을 열었고, 여성은 자신의 몸 이미지를 그 장 속에서 변형하고 있다.[7] 스마트폰 화면에서 이미지의 윤곽을 따라 손으로 밀어 넣거나 잡아당기기만 하면 그 윤곽의 모양새는 쉽게 달라지며, 단지 '톡톡' 두드리는 것만으로 눈과 코의 크기와 모양을 바꿀 수 있다. 이 같은 이미지 편집 기능은 자신이 원하는 얼굴을 단번에 구체화해준다. 가상으로 성형을 경험하게 해주는 것이다. 예컨대 '싸이메라'와 같은 셀피 보정 앱이 제공하는 메뉴는 여성의 얼굴을 '어떻게' 새롭게 만들 것인지 가이드라인을 제시한다. '미용' 메뉴는 여성의 얼굴이 어때야 하는지를 구체적으로 알려준다. 얼굴형은 갸름하고 눈은 커야 하며, 잡티 없이 웃는 얼굴이어야 한다. 이외에 마음에 들지 않는 부위는 메이크업과 성형으로 변형할 수 있다. 유튜브의 각종 뷰티 콘텐츠와 크리에이터는 최대한 다양한 선택지를 제공함으로써 어떠한 얼굴 모양과 피부 톤, 눈, 코, 입의 모양에도 적용 가능한 아름다움을 생산한다.

컴퓨터 미디어와 소프트웨어 연구자인 레브 마노비치(Lev Manovich)는 '소프트웨어 수행물'이라는 개념을 통해 오늘날 소프트웨어가 '문화'를 구성하는 물질적 요소와 비물질적 구조를 형성하는 데 핵심 역할을 수행한다는 점을 강조한다. 디지털 테크놀로지 시대에 우리가 경험하는 바가 역동적인 소프트웨어 수행물과 상호작용하는 것이며, 소프트웨어에 의해 실시간으로 구성되기 때문이다.[8] 인터넷 검색을 하든, 30초짜리 동영상을 감상하든, 페이스북의 메신저 앱을 통해 친구와 대화하든 우리가 관계하는 대상은 사전에 규정된 문서가 아니라 우리의 기기나 서버에서 일어나는 실시간 연산의 역동적 결과물임을 강조하는 것이다.

디지털 문화에서 아름다움이 지각되고 실천되는 방식 역시 다른 설명을 필요로 한다. 디지털 시대의 아름다움은 마노비치가 이야기한 대로 디지털 테크놀로지와의 역동적 상호작용 속에서 인식되고 실천되고 유통된다.

　여성은 일상적으로 자신의 얼굴 이미지를 변형하거나 다양한 메이크업을 통해 상황에 따라 각기 다른 버전의 자신의 얼굴 이미지를 활용하고 있다. 디지털 세대 여성에게 몸은 더 이상 특정한 물리적 공간에만 존재하는 유일하며 변하지 않는 것이 아니다. 마노비치의 소프트웨어 수행물 개념에서와 같이 지금 여성은 더 이상 온/오프라인 경계가 명확하지 않은 디지털 공간 속에 있다. 여성의 몸은 이미지와 동영상, 텍스트로 비트화되어 디지털 공간에 등장한다. '여성'이나 '몸'은 물질적, 생물학적으로 오프라인의 특정한 시공간에 존재하는 것이 아니라, 유튜브의 동영상과 댓글 속에, 메시지를 주고받는 서버의 통신망 속에, 페이스북 패션 뷰티 페이지의 텍스트 창 속에 있다. 디지털 세대 여성에게 '몸', '자기'는 이미지이며 텍스트이고, 그것을 통해 수많은 정보가 매개된다.

　특히 스마트폰이라는 개인화된 기계와 이를 통해 시공의 제약 없이 접근할 수 있는 정보는 그로 인해 만들어지는 효과와 가치의 영향력 속에서 '일상'의 공간과 시간을 바꾸고 있다. 여성의 몸 역시 가상공간을 통해 달라진 일상의 조건 속에서 일련의 일상적 행동을 통해 만들어진다. 즉 디지털 시대에 몸은 디지털 테크놀로지의 정보 생산 양식 속에서 만들어지는 것이다. 예컨대 '얼평(얼굴 평가)' 문화, 이른바 '인생 샷'의 추구, 즉 '예쁨'에 대한 대중적 선망이 노골화된 것은 2000년대 초반 '얼짱' 문화에서 시작됐고, 명백히 인터넷을 매개로 생겨났다. 다만 당시에는 누군가가 '얼짱'이라고 여겨지는 사람의 얼굴 사진을 올려 공유하는 것이었지, 스스로 외모에 자신 있는 사람이 얼짱에 '도전'하기 위해 얼굴 사진을 올리거나 자기 얼굴에 대한 구체적 평가를 원하며 보완을 위한 정보를 수집하는 문화는 아니었다. 얼짱 문화는 디지털카메라, 휴대전화 카메라의 대중화와 손쉬운 이미지의 공유를 가능케 해준 인터넷을 기반으로 한국 사회에서 예쁜 얼굴은 좋은 것, 즐거움을 주는 것, 그렇기 때문에 그 얼굴은 공유하고 널리 알려야 하는 것, 칭찬받아 마땅한 것이라는 문화를 본격화했고, 이렇게 특정한 얼굴과 몸은 콘텐츠, '정보'로 유통되기 시작했다.

소셜미디어의 대중화와 함께 과거 월드와이드웹(www) 시기의 예쁜 얼굴 보여주기가 중심이었던 얼짱 문화는 '예쁜 얼굴과 몸', '예쁜 얼굴을 가진 사람의 일상'을 정보화하고 뷰티 정보나 팁 등을 콘텐츠의 유형으로 공유하고 학습하는 형태로 바뀌고 있다. 얼짱 문화 초기만 하더라도 예쁜 외모는 특별한 누군가의 것이었을 뿐이다. 하지만 무엇이든 정보를 통해 달성되고 정보 접근성에서 모두가 평등할 수 있다는 소셜미디어 문화의 모토 속에서 '예쁨'은 누구나 가질 수 있고, 그를 위해 노력해야 하는 것으로서 평준화되고 있다. 오히려 못생긴 것은 수정되어야 하는, 그래서 얼굴을 고치거나 혹은 이미지를 보정할 것이 권유된다. 몸은 특정한 몸에 도달하기 위해 바꾸어 나가야 하고 관리해 나가야 하는 일종의 '완성돼야 할 대상'이 되고 있다. 따라서 그 기준과 그 기준에 도달하기 위한 방법에 집중하고 관심을 기울여야 하는 방식으로 몸은 경험되고 있다.

네트워크를 통한
초지역적, 횡단적
아름다움의 구성

소셜미디어와 K-팝을 통한 아시아 K-뷰티의 부상

온라인 공간의 지형이 유튜브나 인스타그램 등 소셜미디어로 재
편되면서 트랜스 아시아적 공간을 채우고 있는 것은 한국의 화
장품과 화장법 그리고 한국의 뷰티 유튜버가 되고 있다. 또한 소
셜미디어를 통한 아시아 여성의 가시화와 함께 아름다움에 대한
아시아의 로컬 지식이 점차 로컬의 경계를 넘어가고 있다. 이는
최근 10여 년간 본격화한 한류와 밀접한 관계 속에 있다.

　1980~1990년대 아시아 여성의 경제수준이 높아지면서 세계
화 과정에 진입하기를 원하는 중산층의 열망은 글로벌 미디어와
상품 소비를 통해 실현될 수 있는 것으로 여겨졌다.[9] 2000년대
초반 한국 여성은 온라인 커뮤니티에서 해외 화장품이나 의류
직구 게시판을 따로 만들고 그 정보를 서로 교환했다. 이들은 주

로 대졸 이상, 20~30대의 직장을 가진 여성으로, 글로벌 쇼핑을 통해 보다 현대적이고 세계적인 문화의 향유자로 자신을 정체화했다. 세계적인 톱 모델의 화장과 패션, 글로벌 브랜드의 화장품을 공유하며 이를 아름다움의 주요 레퍼런스로 삼았다.

그로부터 10여 년 후 서구의 패션 뷰티 매거진은 앞 다투어 아시아의 뷰티 인플루언서와 상품을 소개하기 시작했다. 〈아시안 뷰티 유튜버 탑 10〉,[10] 〈아시안 뷰티 블로거〉,[11] 〈한국인 모델들의 스킨케어 비밀〉,[12] 〈어떻게 아시아 뷰티 브랜드는 프랑스 제품을 대체했는가〉[13]와 같은 기사가 쏟아지고, 서구와 아시아의 미 기준을 비교하는 글도 쉽게 찾아볼 수 있게 됐다. 또한 구글에서 '아시아 화장품'을 검색하면 '2016년 최고의 한국 뷰티 상품'이라는 추천 검색어가 뜬다.

K-뷰티라는 흐름을 만들어낸 중요한 요인을 꼽자면, 단연 소셜미디어 플랫폼과 K-팝 팬덤 그리고 아시아 여성 이용자일 것이다. 아시아의 아름다운 여성과 상품에 대한 세계적 관심은 실상 소셜미디어를 매개로 한층 가시적이게 된 아시아 여성으로부터 시작됐다. TV나 신문과 같은 전통 대중매체에서와 달리 소셜미디어 플랫폼에서는 인터넷을 이용하는 사람이라면 누구나 미디어 콘텐츠를 생산하고 또 유통할 수 있다. 소셜미디어를 이용하는 아시아 여성은 열심히 셀피를 찍어 올리고, 다른 여성 이용

자의 콘텐츠를 구독하고, 나아가 인플루언서를 탄생시켰다. 소셜미디어는 이른바 '보통 사람'이 가시화되는 것을 가능하게 해주었다.

이는 또한 그간 아시아인의 모습을 접하는 주된 통로를 뉴스나 일부 영화 등의 국한된 채널에서 유튜브나 인스타그램과 같은 실시간 소셜미디어 채널로 확장하는 변화를 가져왔다. 이를테면 할리우드 영화를 위시한 글로벌 대중문화에서 압도적으로 자주 보였던 백인 외에 기존의 대중매체에서 상대적으로 덜 주목받거나 자주 볼 수 없었던 이들, 예컨대 유색인이나 어린이, 청소년 등이 디지털미디어에 접근이 가능해짐으로써 더 가시적이게 된 것이다.

게다가 소셜미디어는 가장 드러내고 싶은, 가장 멋진 모습을 보여주는 매체인지라 소셜미디어에서 볼 수 있는 아시아인의 얼굴은 대부분 멋지고 세련된 모습이다. 실시간으로 개인의 일상과 생활공간이 공유되기도 한다. 이 과정을 통해 소셜미디어는 실제로 아시아 국가에 직접 방문한 적 없는 사람에게도 시간 차 없이 '현재의 아시아'를 접할 수 있는 기회를 제공한다. 아시아인이 아시아 내 다른 국가를 인식하는 과정은 주로 서양 미디어를 경유하거나 서양을 기준으로 한 정치경제적 인식을 통해서였지만, 한류와 같은 현상은 아시아에 대한 '서구적 응시'를 상대화할

수 있는 기회를 제공하기도 한다.[14]

물론 소셜미디어 네트워크를 통해 접하는 이미지가 보여주고 싶은 것으로만 구성된다는 점에서 '온라인의 아시아'는 부분적이다. 또 아시아는 여전히 서양의 문화적 관점에 영향을 받는다. 그럼에도 서양을 경유하지 않고 아시아를 접할 수 있는 공간이 확장된다는 점에서 한류는 중요한 변화라 할 수 있다.

아시아를 직접 대면할 수 있는 온라인 공간은 2010년대 들어 K-팝에 대한 초국가적 팬덤 형성을 통해 본격화됐다. 팬덤과 함께 한국 아이돌의 모든 것은 호기심과 관심의 대상이 되기 시작했고, 가장 가시적인 외양에 대한 매혹과 이에 대한 동경은 한국식 꾸밈, 화장 등에 대한 관심으로 이어졌다. 그리고 지금 '뷰티'는 한류의 대표적 콘텐츠로 자리 잡고 있다.

예컨대 〈2020 해외한류실태조사〉(한국국제문화교류진흥원, 2020)에 따르면 한류라고 생각되는 1순위 문화 콘텐츠는 K-팝(58.7퍼센트)이며, 드라마(50.9퍼센트), 영화(47.0퍼센트), 한식(43.5퍼센트), 패션(43.3퍼센트), 뷰티 제품(37.8퍼센트), 예능(36.9퍼센트), 한글(26.6퍼센트)의 순으로 나타난다. 한국 문화 콘텐츠 소비 비중 가운데 뷰티(26.0퍼센트)는 영화(46.3퍼센트), 드라마(28.4퍼센트)에 이어 세 번째를 차지한다. 한국의 문화 콘텐츠들 가운데 접할 기회가 많은 장르로 뷰티콘텐츠라고 응답한 비율이 높은데(61.6퍼센트), 이는

2018년 조사에 비해 4.4퍼센트 증가한 것이다. 특히 뷰티 동영상은 2018년 대비 증가 추세에 있으며, 모든 콘텐츠 가운데 '자주 또는 매일' 시청 비중이 45퍼센트 이상으로 가장 높다. 또한 한국 문화 콘텐츠 중 자국 내 대중적 인기가 가장 높은 순위 가운데 뷰티는 42.6퍼센트로 2위를 차지하기도 했다.

한국의 뷰티 제품과 화장법에 관한 관심은 앞서 언급했듯, 주로 한국의 아이돌에 대한 관심에서 비롯됐다. 그리고 이들의 '커버 메이크업'이라는 콘텐츠에 대한 관심에서 한국 화장품과 한국식 화장법에 대한 관심으로 확장됐다. K-팝에 대한 관심이 '코리안 아이돌 메이크업' 키워드 검색으로 이어진 것이다. 한국 아이돌의 커버 메이크업을 다루는 콘텐츠에서는 다른 한국 아이돌의 커버 메이크업에 관한 요청이라든가 한국식 화장법과 한국 화장품 소개를 요청하는 댓글을 쉽게 찾아볼 수 있다. 또한 K-팝과 K-뷰티에 대한 초국적 관심을 고려해 영어 자막을 제공하는 한국 뷰티 유튜버의 발 빠른 대응은 이 같은 콘텐츠가 좀 더 많은 초국적 팬덤에서 유통될 수 있도록 했다.

한국인 뷰티 유튜버 '이사배'가 업로드한 블랙핑크 제니의 커버 메이크업은 100만 뷰를 거뜬히 넘었고, 다양한 국가의 언어로 많은 댓글이 달렸다. 다음에 발췌한 영어 댓글을 보면, 대체로 블랙핑크의 팬일 것으로 짐작되는 이용자가 주를 이룬다. 유튜

#제니메이크업 #블랙핑크 #Howyoulikethat

[Eng] BLACKPINK(블랙핑크) 제니 커버메이크업 'How You Like That' JENNIE Cover Makeup ㅣ 이사배(RISABAE Makeup)

1,220,059 views • Jul 21, 2020

👍 29K 👎 571   ➡ SHARE   ≡+ SAVE   •••

 Risabae
2.26M subscribers

SUBSCRIBE

그림 1. BLACKPINK(블랙핑크) 제니 커버 메이크업
'How You Like That' JENNIE Cover Makeup 이사배(RISABAE Makeup)
출처: https://www.youtube.com/watch?v=DgyD88xLcLE&t=1s, 검색일: 2021년 4월 21일

브 아이디를 블랙핑크와 관련된 단어를 사용한다든지, 명시적으로 블랙핑크의 멤버인 '제니' 때문에 이 영상을 보게 됐다고 언급하기도 한다. 또한 '영어 자막'을 입혀줘서 감사하다는 것에서부터 제니의 메이크업을 알 수 있어서 좋았다며, 앞으로 이사배 채널을 구독하겠다는 댓글을 달기도 한다.

Jo*** 9개월 전

Thank you for adding english subtitles.

Bl*** 9개월 전

Jennie's taste when it comes to makeup is everything.

Ye*** 9개월 전

I haven't watched the video but already liked it bcuz of Jennie. U did well and ur pretty too.

Ba*** 9 개월 전

Oh my god thank you for this video I always wanted to know how to do Jennie's makeup especially her eyes and you saved me!! You're so beautiful I'm a fan from France.

Je*** 9개월 전

This is my first time watching a beauty vlogger with a perfect explanation, there is nothing like this in my country. You are so beautiful, you deserve more subscribers. I'm waiting for your next video unnie;)

K-뷰티와 K-팝의 연결고리는 상당한데, 댓글에 한국식 메이크업에 대한 선호 그리고 한국식 메이크업을 해당 유튜버가 콘텐츠로 다룬다는 점을 지지한다는 표현을 'ARMY(방탄소년단의 팬클럽)'나 'BLINK(블랙핑크의 팬클럽)'와 같이 자신이 속한 팬클럽 명칭으로 대신하는 경우도 매우 빈번하게 관찰된다.

한국식 꾸밈과 메이크업에 관한 수용적, 우호적 태도는 그러한 꾸밈과 메이크업이 곧 자신들이 지지하는 한국 아이돌의 것이기 때문이지만, 점차 K-뷰티 콘텐츠로의 유입은 K-뷰티 그 자체에 대한 관심과 따라 하기, 나아가 K-뷰티 콘텐츠 제작 등으로 이어지기도 한다. 특히 기존 문화나 콘텐츠를 따라 하고 재해석, 재생산하는 밈(meme) 문화와 아이돌 관련 콘텐츠에 적극적으로 개입하는 팬덤 문화의 결합이 결과적으로 한국의 뷰티 콘텐츠와 한국식 꾸밈, 화장에 관한 콘텐츠의 확산과 생산으로 이어진 것으로 보인다.

특히 꾸밈이나 화장 등은 특정 시기에 일종의 트렌드를 형성하며 개인 수용자로 하여금 시도해볼 만한 것으로 받아들여진다. 다음에 발췌한 한국 아이돌 메이크업에 관한 유튜브 콘텐츠 댓글에서도 알 수 있듯이, K-뷰티에 관한 구체적 '튜토리얼'류의 콘텐츠 등이 현실에서도 실질적 소비와 꾸밈 실천을 이끌어내고 있음을 유추해볼 수 있다.

Zo*** 2년 전

I really love that you created a very korean look with western products. It's very useful.

me*** 2년 전

YAS BTS AND NICE MAKEUP!! UR JAWLINE IS.

AR*** 1년 전

ARMY!! Also this makeup is My favorite I tried it and I love it.

Th*** 2년 전

Omg I totally love your eye makeup! I was looking for Korean makeup tutorials since it's my style too. Your makeup here is super

K-POP MAKEOVER 🎤 how to do Korean Idol Makeup
596K views • 2 years ago

 nara from korea

INFORMATION HERE-------- Hi, Guys! I tried **Korean** idols **makeup**! I love the dewy skin and glittering eyes I hope you enjoy!

그림 2. K-POP MAKEOVER how to do Korean Idol Makeup
출처: https://www.youtube.com/watch?v=sGFzinKfHUs, 검색일: 2021년 4월 23일

I Tried A BLACKPINK Korean Beauty Makeup Look!

1,961,758 views • May 9, 2019

 124K 👎 3.5K → SHARE ≡+ SAVE ...

 NikkieTutorials ✓
13.8M subscribers

SUBSCRIBE

I have been OBSESSED with BLACKPINK! The K-Pop girl group has been taking the world by storm with their songs Kill This Love, Ddu-Du Ddu-Du and Boombayah. Jisoo, Jennie, Lisa and Rosé all look phenomenal in the music video, but Jennie's red smokey eyes really inspired me for today's look! I hope you enjoy!

그림 3. I Tried A BLACKPINK Korean Beauty Makeup Look!
출처: https://www.youtube.com/watch?v=bvQ8rq6xfhg, 검색일: 2021년 4월 21일

lovely.

K-팝에서 파생한 K-뷰티에 관한 호기심과 관심은 해외 뷰티 유튜버의 K-뷰티 콘텐츠 제작으로도 이어졌다. 한 예로 한국에서도 잘 알려진 미국의 파워 뷰티 유튜버인 니키(Nikkie) 역시 블랙핑크를 매개로 'Korean beauty makeup look'에 관한 콘텐츠를 업로드했다. 이 영상에서 니키는 'WHO IS YOUR FAVORITE BLACKPINK GIRL?'이라는 질문을 첫 번째 댓글로 고정해두었다. 이 첫 댓글에는 2021년 4월 현재 1.3만 개의 '좋아요'와 댓글 485개가 달렸다.

이 K-뷰티 콘텐츠의 댓글난은 K-팝 팬 커뮤니티와 흡사하다. 아마도 니키 튜토리얼의 다른 콘텐츠에서 K-팝 팬이라는 점을 드러낼 기회나 필요가 없었던 채널 구독자들이 K-팝과 관련된 콘텐츠가 등장하는 순간 한꺼번에 자신의 K-팝과 K-뷰티에 관한 생각을 쏟아내기 시작했을 것이다. 또 니키와 같이 영향력이 큰 유튜버가 K-팝 아이돌에 관한 콘텐츠를 다루면서 평소 니키의 콘텐츠를 보지 않았던 팬이 니키의 뷰티 콘텐츠로 유입되기도 한다.

K-뷰티는 소셜미디어 네트워크를 매개로 하는 다양한 경로를 통해 점차 관심사로 자리 잡았다. 흥미롭게도 K-팝 아이돌을

소재로 하는 K-뷰티 콘텐츠는 한국 아이돌의 외모와 한국식 꾸밈 및 화장에 대한 정보 공유와 재해석 등이 이루어지는 일종의 초국적 뷰티 커뮤니티를 형성한다.

ro*** 1년 전

The beauty community: crumbling and burning.

Nikkie: ANNYOUNG

Ch*** 1년 전

PLEASE COLLAB WITH PONY a Korean Makeup Artist.

Th*** 1년 전

It would be the greatest thing ever if Nikkie and Pony had a collaboration. Pony could do your makeup and demonstrate the different techniques and Korean products that she uses.

EA*** 1년 전

do a video with PONY! you do western makeup for her, and she do eastern makeup for you!

ro*** 1년 전

you should look into kpop soloist chungha! her makeup is ON POINT.

댓글에는 K-뷰티에 관한 다른 참조 사항도 제시된다. 아직 블랙핑크나 방탄소년단만큼 해외에 알려지지 않은 다른 한국 아이돌의 메이크업도 볼 필요성이 있다고 제기하는 방식으로 '청하'나 '마마무'에 대해 소개하는 것에서부터 한국의 뷰티 유튜버인 'PONY'와의 협업 콘텐츠 제작 요청에 이르기까지 한국 뷰티 문화에 대한 보다 세부적인 정보를 파악하는 데 도움이 될 만한 신뢰도 있는 참조 사항이 제시되는 것이다. 그리고 댓글에 제시된 참조 사항은 K-팝과 한국의 뷰티 콘텐츠, 한국식 화장 등에 관한 채널 구독자와 K-팝 팬의 관심을 지속시키고 관련 콘텐츠로 흘러갈 수 있도록 한다.

서구와의 대비, 아시아 내 이질성 속에 위치하는 K-뷰티

K-뷰티가 초국적 공간에서 가장 대표적으로 설명되는 방식은 주로 미국식 화장과의 비교, 대조다. 달리 말하면 K-뷰티의 특

수성은 주로 미국식 메이크업과의 차이 속에서 비교적 선명하게 설명된다. 한국식 꾸밈과 아름다움의 표현 방법을 더 잘 설명하고 그 특수성을 부각하기 위해서는 그 특성과 대조되는 꾸밈의 사례가 필요하고, 그때 가장 손쉽게 떠올려지는 것은 서양의 대표 주자 격인 '미국식' 화장이다. 이는 동양과 서양이 서로 공통점보다는 차이가 훨씬 부각되는 방식으로 인식, 전제되어온 기존의 관습에 기반한다.

유튜브에서 'korean makeup'으로 검색했을 때 조회수 상위에 있는 콘텐츠들은 대체로 동서양 화장법 비교, 대조를 주제로 하는 것들이다. 이들 콘텐츠에서는 한국식 화장의 피부 톤을 '밝고 빛이 남'이라고 설명한다. 또 피부가 촉촉하고 반질반질하게 표현된다고 부연한다. 게다가 한국식 화장은 분홍빛 블러셔를 사용해 아기의 붉은 뺨을 모방한 듯 표현해 귀엽고 어려 보이는 효과를 내는 경향이 있다고도 설명한다.

유튜버 웬지(Wengie)의 비교 영상에 대한 댓글을 보면, 한국식 화장과 미국식 화장에 대한 댓글의 반응도 유튜버가 묘사하는 방식과 다르지 않다. 한국 여성은 '귀엽고 자연스러운' 화장을, 미국 여성은 '섹시'하게 보이는 화장을 선호하는 것 같다는 의견이 주를 이룬다. 한국식 화장을 선호한다는 구독자의 경우에는 '자연스러운' 연출과 이로 인해 '어려 보이는' 효과를 그 이유로

0:14 / 9:32

Korean Makeup vs American Makeup Before and After Transformation Tutorial Routine ♥ Wengie

4,925,350 views • May 2, 2015

👍 104K 👎 3.1K ↱ SHARE ☲₊ SAVE •••

Wengie ✓
14.1M subscribers

JOIN   SUBSCRIBE

GIVING AWAY A ROSE GOLD IPHONE 6 - Giveaway closes November 15th :)
https://youtu.be/LEXlsagTckY Hey my beautiful creatures :)!! I have a Korean Makeup vs American
Makeup Transformation for your guys today where I compare the two different styles of make up
:)!! For the Korean I chose a more natural look and I did a neutral eye for the American makeup! I
hope you enjoy seeing the before and afters and the comparison of the two make up styles through

그림 4. Korean Makeup vs American Makeup Before and After Transformation Tutorial
Routine ♥ Wengie
출처: https://www.youtube.com/watch?v=7dEyS1VEz4Y&t=513s, 검색일: 2021년 3월 25일

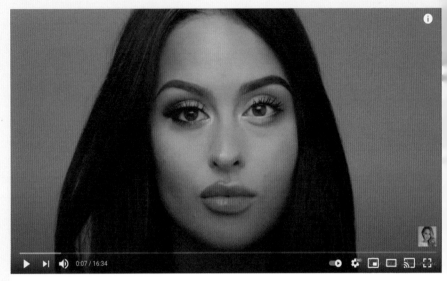

#Dominators
American VS Korean Makeup Tutorial

3,876,649 views · Jun 19, 2017

👍 80K   👎 3.2K   ➔ SHARE   ≡₊ SAVE   ...

Christen Dominique ✓
4.23M subscribers

SUBSCRIBE

그림 5. American VS Korean Makeup Tutorial

꼽는다.

av*** 4년 전

the biggest different is that Korean girls choose the cute and natural look and American girls like the sexy look.

Ar*** 4년 전

I love Korean look coz it's so cute and natural View reply.

Na*** 4년 전

American - Sexy

Korean - pretty

Japan - cute

This is what I know don't judge me this is my opinion.

an*** 4년 전

I like how Korean makeup makes you look younger rather than older I guess idk don't judgr.

Nu*** 4년 전

I prefer Korean style, it looks more natural. I rather look young than old.

Mo*** 4년 전

American makeup masks your whole face as Koreans highlight their best features to make them pop, more natural.

Ji*** 4년 전

I kinda like the Korean make-up, it looks more natural:) and I just LOVE Korea. ♥

sa*** 3년 전

The reason why I love love korean makeup is because it looks super natural.

le*** 5년 전

I prefer Korean style. I think all that contour isn't needed. People look prettier with the simple and pretty Korean makeup.

MI*** 4년 전

I'm a HongKonger and I much prefer having a American style base and a Korean style make up since the American one is too heavy here Hope you feel useful with my comment if you're a western.

앞의 두 뷰티 콘텐츠와 니키 튜토리얼에서 한국식 화장법의 피부 표면이나 색감 등을 묘사할 때 사용되는 'glass skin(빛나는 피부)', 'peach(살구색)', 'pink(분홍색)', 'shiny(환한)', 'dewy(촉촉한)', 'minimal lash(과하지 않은 속눈썹)' 등의 표현은 K-뷰티를 소개, 설명할 때 공통으로 쓰이는 단어다. 미국식(서양) 화장과 가장 큰 차이를 띠는 한국식 화장의 특성으로 제시되는 것은 매끄럽고 환한 피부 톤, 젊음, 화사함, 자연스러움 그리고 그 효과로서의 어려 보이는 얼굴 연출이다.

희고 빛나는 피부 표현이 중시되는 배경에는 한국인이 아시아인으로서 비백인이라는 정체성이 깔려 있다. 아름다움의 요소에서 백인 중심성은 '화이트닝'이라는 피부 표현의 장르를 탄생시킬 정도로 자연스럽다. 이 같은 점에서 K-뷰티의 피부 표현법은 유튜브 댓글 등을 통해 '코리안 뷰티 10스텝'이나 '너 자신을 있는 그대로 사랑하는 게 어때(Love yourself)'라는 등의 조롱을 받기도 한다. 하지만 K-뷰티 콘텐츠가 기존의 지배적 아름다움의 표현법으로 여겨져온 서구식 화장법을 상대화하는, 새로운 화장법의 발견이자 다양한 아름다움의 표현을 발견하는 즐거움 등을 제공한다는 의견이 우세하다.

K-뷰티에 대한 해외 유튜버의 튜토리얼식 비교 콘텐츠가 증가하면서 흥미롭게도 그것이 '진짜 한국식인가'에 관한 내용 검증도 이루어진다. 다음의 댓글에서도 확인할 수 있듯, 한국인이 하는 화장이나 꾸밈과 '완벽히 동일'하게 하는 것 자체의 불가능성이 드러난다. 이에 대한 구독자의 반응은 단순히 '예쁘다', '아니다', '마음에 든다', '싫다', '유튜버에게 어울리지 않는다'는 등의 평가에 머무르지 않는다. 소셜미디어의 쌍방향적 소통 방식을 통해 K-뷰티에 관해 한국인이 직접 자신에 대해 이야기하고 '한국식 메이크업'을 설명하는 방식이나 논의하는 장에 직접 개입할 수 있다. 이를 통해 그 부족함은 한국인 혹은 아시아인 구독자의 댓글로 보충된다. 다음의 크리스텐 도미니크(Christen Dominique)의 영상 댓글에서 볼 수 있듯 구독자에게는 '한국인으로서', 혹은 한국과 같이 아시아로 묶이는 '홍콩인으로서' 한국식 화장, 나아가 서양과 차이가 있는 것처럼 보이는 아시아적 꾸밈 방식에 대한 지역성에 근거한 참조 체계가 구성되는 것이다.

Da*** 3년 전

Y'all must not realize that she isn't Korean. That's why she couldn't successfully do the style, but in my opinion, she executed it pretty well for only one trip to Korea. And stop talking about her brows. She knows and expressed exactly how Korean people usually do their brows. Light and straight. She couldn't do her brows light cause, duh, you saw it didn't blend. It would've looked ridiculous. She already has super arched brows, so it was hard to for her to achieve such a look. Stop being so negative.

he*** 3년 전

Okay i'm korean and actually most of korean don't use vivid color shadows like that⋯ more like warm colors like wine or brown color. No offense i just wanted to tell ppl how MOST korean girls do make up;)

Ba*** 3년 전

SO glad I was born mixed with half Korean and half american.

바로 앞의 인용 댓글 작성자는 비교를 통한 이른바 반반 메이크업을 통해 자신의 인종/민족적 정체성의 다중성을 드러내기도 한다. 단순히 대조나 완전히 구분되는 방식으로 설명할 수 없다는 점을 보여주는 것이다.

K-뷰티가 K-팝과 더불어 적어도 뷰티 콘텐츠 분야의 초국적 구독자로부터 큰 관심을 받기 시작하면서 적어도 이 디지털 공간에 형성된 팬덤 안에서 아름다움의 기준은 서구가 아니라 아시아라는 로컬, 그리고 배우나 모델이 아니라 일반인에게로 이동하고 있다. 이는 과거 대부분의 아시아 국가에서 서구의 문화와 제도 등이 롤모델 역할을 해왔다는 점을 고려한다면 흥미로운 변화다. 아시아 여성은 어려서부터 바비 인형과 디즈니의 백인 공주를 보며 자랐고 서구 미디어가 만들어낸 여성의 아름다움에 익숙하다. 이런 맥락에서 한류 에너지 속에서 아시아인이 이제 아시아인의 얼굴을 열망하게 됐다는 사실은 그것이 아무리 성형이나 뷰티산업을 통해 의도적으로 재조절된 것일지라도 이제까지 아시아에서 없던 새로운 현상이라 할 수 있다.[15]

물론 이 같은 흐름 속에서는 오히려 아시아 내에서의 위계가 부각되기도 한다. 특히 그 위계가 '흰 피부'를 기준으로 형성되어 있다는 점에서 여전히 서구 백인 중심성을 드러내고 있지만, K-뷰티를 둘러싼 팬덤 안에서는 아시아 내의 이질성이 함께 가시화된다. 쌍방향 네트워크가 지역성을 드러낼 수 있는 통로로 작동하면서 주류, 일반적으로 상상되고 전제돼온 '흰 피부'에 대한 아시아인의 동경은 상대적이라는 점을 보여준다.

예컨대 다음의 댓글은 미국식 화장법과의 비교에서 한국식 피부 표현이 유난히 창백하게 표현된다는 것, 그리고 한국 여성이 흰 피부 표현에 동의하지 않는다는 의견을 제시한다.

ha*** 4년 전

I'm korean girl, and I really don't understand why korean girls wanna have pale skin. they're beautiful with the skin color they're born with, not with bunch of thick layer of makeup.

이 댓글에는 다시 열두 개의 댓글이 달렸는데, 흰 피부를 동경하는 것에 대한 비판적 시각과 여전한 지향이 뒤섞여 있음을 볼 수 있다. 이들 댓글에서는 한국인은 피부 톤이 멋진데도 창백한 피부를 선호한다는 등으로 한국인의 흰 피부 선호를 비판적으로 보거나 흰 피부에 대한 동경을 '단지 한국인만의 것이 아닌 아시안 공통의 것(Al***)'으로서 문제화하기도 한다.

Op*** 3년 전

Same! I know it's due to culture and that tanned skin hints at being a worker but tanned skin looks gorgeous too.

Al*** 3년 전

Agreed. I've seen a lot of Koreans with a light brownish skin tone. I find that quite attractive but the majority of Koreans seem too prefer pale skin. Not that I don't find pale skin attractive as we'll. A lot of Korean products contain whitening agents as well.

Al*** 3년 전

It's not just Korea I think it's a Asian thing⋯. I am from Pakistan and people have the same mindset in terms of beauty⋯. Everybody wants to be paler, it doesn't just stops with women⋯. Men want to be paler too⋯. It's only in the recent years people have started talking out about boycotting these beauty stereotypes but these things take time.

An*** 2년 전 (edited)

hannah kim I like pale skin but I agree with you, I especially think it's silly looking when these k-pop stars have their faces like 4 shades lighter than their necks lol.

K-뷰티 콘텐츠는 한국인, 나아가 아시아인의 인종적 외모나

선호하는 아름다움의 특수성에 대한 논의의 장이 되기도 한다. 예컨대 인도네시아인 유튜버인 티탄 티라(Titan Tyra)의 '한국 메이크업 튜토리얼'은 K-뷰티 콘텐츠 가운데서도, 그리고 이 채널의 콘텐츠 중에서도 조회수가 매우 높은 편에 속한다. 이 영상에 대해서는 전반적으로 '진짜 한국인처럼 생겼다'는 반응이 우세한 가운데, '아시아인'의 인종적 특수성과 다양성에 관한 논의가 이루어지고 있다.

un*** 2년 전

Your real face is already like korea, when I open your video, I guess you are korean Sekilas emang mirip IU, and i envy You are very beautiful and so cute ~🖤

Ap*** 2년 전

I would've start doing korean makeup but my skin is a little darker than yours.

'이미 한국인처럼 보인다'는 댓글은 이 유튜버에 대한 칭찬의 말로 사용된다. 또 다른 구독자는 자신도 한국식 화장을 하고 있지만 '어두운 피부'를 가지고 있다고 아쉬움을 나타내기도 한다.

Korean Makeup Tutorial (Bahasa w/Eng subs)

5,300,075 views · Jul 8, 2016

 93K   3.4K   SHARE   SAVE   ...

 Titan Tyra ✓
933K subscribers

SUBSCRIBE

Thanks for always hooking your girl up with Korean makeup @gineeup! Check them out:

그림 6. Korean Makeup Tutorial (Bahasa w/Eng subs)
출처: https://www.youtube.com/watch?v=Xw5HrF1iKt4&t=1s, 검색일: 2021년 3월 25일

백인 외의 아시아, 라틴계 구독자는 한국식 화장을 할 때 '흰 피부'를 중요한 연출 방법으로 여긴다는 것을 알 수 있다.

한국인이 하는 방식과 유사하게 한국식 화장을 잘한다는 표현이 '한국인처럼 보인다'가 되는 가운데, 한 구독자가 '한국인처럼 보이는 방법: 첫 번째 단계 – 아시아인일 것'이라는 댓글을 단 이후 이 댓글에는 100개의 추가 댓글이 달렸다. 추가 댓글의 내용은 무척 다양하지만, 그중 가장 많은 '좋아요'를 얻은 댓글의 골자는 아시아에는 50여 개국이 있으며 굉장히 다양하다는 것이다. 인도, 파키스탄, 태국, 필리핀 사람은 결코 한국인과 비슷하게 생기지 않았다고 부연한다. '작고 가느다란 눈과 작은 입, 귀여운 코'로 한국인의 외양을 묘사하면서 모든 아시아인이 그렇게 생긴 것은 아니라고 말한다. 대다수의 구독자는 자신은 아시아인이지만 한국인처럼 보이지 않는다거나 한국, 일본, 중국 '타입'으로 보이지 않는다고 말하거나, 일본인으로서 한국인과는 다르게 생겼다고도 말한다.

Ay*** 4년 전 (edited)

how to look like a korean: step one – Be asian.

es*** 4년 전

no?? Asia has around 50 countries and is very diverse. You're bassically saying that Indian People, Pakistani People, Thai People, Filipino People etc all look Korean.

Ad*** 4년 전

Ayazawa Shizu you mean by small, slanted eyes, with slightly smaller mouths and cute noses? Cause not all Asians look like that. Some have big eyes and large mouths.

Ja*** 3년 전 (edited)

Ayazawa Shizu i'm asian but i'm half chinese half indonesian and i wanna look korean :(, ps. not all asians look the sameee or like koreansss.

Jo*** 3년 전

I'm asian but I don't look like a korean, japanese, or chinese type. I'm a Filipino and I look sooo far from koreans.

im*** 3년 전

?? I'm japanese don't look like korean in my opinion.

Pi*** 2년 전

Ayazawa Shizu when you said you're talking about the eyes that's
stupid, Asian eyes doesn't have to be God damn slender. My eyes
don't even look really Asian and most likely I don't want to just
be showing rudeness. I'm just saying that there's more Asians than
Koreans :|

Da*** 2년 전

I try to do my makeup style like this but I don't look similar
because I'm Pakistani so I don't have the same features like small
noses, bigger eyes which is common in Korea for example. I guess
it'll have to be east Asian :(

ad*** 2년 전

yikes this isn't a tutorial on how to look korean, it's a korean
style makeup tutorial,, there's a big non-culturally appropriative
difference my guy.

pa*** 11개월 전

The point of korean makeup is being natural and glowing So···.

You dont have to be asian first hahah.

　댓글 가운데 'ad***'라는 구독자는 이 콘텐츠 영상이 한국인처럼 보이기 위한 튜토리얼이 아니라 한국'식' 메이크업 튜토리얼이라고 쓰고 있다. K-뷰티는 아시아적 아름다움으로 이해되지만, 종종 그것이 '한국인처럼 보이고 싶은 것'과는 명백히 다르다는 것이다.

　'한국인처럼 생긴 것'으로 공유되는 특징은 인종적 특수성과 피부색, 동양과 서양의 위계, 아시아 내 위계를 드러내고, 이에 관한 논쟁도 함께 불러일으킨다. 더 나아가 꾸밈, 화장, 아름다움에서 '아시아적'이라는 것이 무엇인지에 관한 의문이 등장하기 시작한다. 특히 K-뷰티, 한국 메이크업을 미국의 그것과 대조해 아시아적 꾸밈, 아름다움의 대표성으로 다루는 것에 대해 아시아 구독자로부터 의문이 제기되기도 한다.

　이 같은 과정에서 K-뷰티는 아시아로 뭉뚱그려지기보다 '한국식'으로 개별성을 가진다. 주로 K-뷰티에 관한 콘텐츠가 서구 대 아시아의 구도 속에서 설명될 때는 서구와의 차이를 가진 아시아로서의 의미가 더 부각되는 경향이 있고, 이 같은 재현 방식은 수용적으로 보인다. 하지만 K-뷰티를 아시아의 전부로 치환하고 아시아 내부의 차이를 무화하는 댓글 의견에는 동의하지 않는 모습을 보여준다. 즉 특정 민족, 인종, 국가적 정체성을 가진 구독자가 K-뷰티를 소비하고 실천한다는 것은 '한국인과 똑같이 한다는 것'이 아니라 '한국식으로 하는 가운데 각자의 특수성을 발현한다는 것'이다.

화장술, 꾸밈이 개인 유튜브 등을 통해 공유되면서 개인의 경험과 생각은 이내 지역과 국가, 문화의 경계를 넘어 초국적 영향력을 가지기도 한다. K-뷰티 콘텐츠는 초국적 수용자로부터 소비되고 또 생산되면서 계속해서 해석, 재해석되고 덧붙여지고 덜어지는 과정을 거치게 된다. 이 과정을 통해 '한국식 메이크업'은 각각의 문화 속에서 혼종적 성격을 띤 채 재탄생하게 되고, 이 과정은 완결되는 것이 아니라 지속됨으로써 'K-뷰티'가 생산되고 또 유지될 수 있다.

다시 말해 K-뷰티 콘텐츠의 초국적 소비는 '아시아'라는 정체성에 관한 논의의 장을 마련하고 있다. '창백한 피부'에 대한 선호라든가, '아시아=한국'이라는 공식에 대한 비판적 개입, 동질적 집단으로 묶이는 아시안이라는 정체성에 대한 보다 심도 깊은 문제 제기, '한국성'에 대한 재정의 등이 일어나고 있다. 이때 K-뷰티의 아름다움은 지역적, 인종적 맥락과 결부되어 재해석되거나 재창출된다.

아름다움의 지역성

뷰티 콘텐츠를 구독하는 한국 여성이 서구적 아름다움의 전형을 상대화하고 한국식 화장과 아름다움의 요소라는 지역적 참조 체계를 더 중요한 것으로 받아들이는 과정은 앞서 살펴본 K-뷰티가 초국적으로 수용, 해석되는 방식과 비슷한 맥락에 있다. 소셜미디어 네트워크를 통해 온라인 공간에 초국적 여성의 얼굴, 화장술 등 아름다움의 참조 대상이 많아지면서 '아름답다'는 기준과 그에 대한 해석이 점차 다양해지고 있다.

K-뷰티를 매개로 한 '아시아적 아름다움'에 관한 각 국가 구독자의 지역성에 근거한 개입은 점차 아름다움을 '지역적' 방식으로 해석, 수용, 실천하는 것의 의미를 재평가할 수 있도록 한다. 소셜미디어가 좀 더 실용적이고 현실적인 정보의 통로가 되면서 소비 생활을 통해 아름다움과 이를 달성하기 위한 방법은 보다 로컬화됐다.

한국의 경우 이와 관련해 주목할 점은 우선 뷰티 콘텐츠의 수용자가 아름다움의 기준으로 여기던 서구 백인의 얼굴을 상대화하기 시작했다는 것이다. 소셜미디어가 실제로 바로 적용 가능한, 자신과 직접 관련성이 있는 정보를 찾는 중요한 매체로 여겨지고, 그러한 정보가 더 많이 추천되는 소셜미디어 서비스에서

서구보다 아시아 여성이 소개하는 뷰티 콘텐츠를 보는 것이 더
자연스러워졌다.

> 포니 언니는 막 해외에 비싸서 못 쓰는 화장품 가지고 화장하는 게
> 아니라 어느 정도 우리가 사용할 수 있는 화장품으로 화장해서 너
> 무 좋아요. 사랑해요 언니…♥ (김***, 2018년 6월, 테일러 스위프트 커
> 버 메이크업 댓글)

요즘 여성은 대부분 뷰티 정보를 찾을 때 자신의 얼굴 모양,
피부 톤 등에 맞추어 찾아보는 경향이 있다. 따라서 자신의 얼굴
과 비슷하게 생긴 뷰티 유튜버를 찾게 되는데, 이때 한국 여성이
참고하게 되는 것은 당연히 백인이 아닌 한국인과 같은 아시아
여성이다. 예컨대 '무쌍 화장법'과 같은 정보를 원하는 한국인 여
성에게는 주로 동양인 여성의 뷰티 콘텐츠가 추천된다. 외꺼풀
은 서양인보다 동양인에게 더 많기 때문이다.

> 제가 쌍꺼풀이 없으니까 무쌍 화장법을 처봤죠. 무쌍 화장법은 주
> 로 그러데이션을 위주로. 무쌍 유튜버로는 제일 처음에 접했던 사
> 람이 프롬헨이란 사람인데, 저는 이분이 무쌍 원조로 알고 있어요.
> (무쌍 화장법만 찾아보는 이유는) 무쌍인데 무쌍 유튜버를 참고해도

JPN/VIET SUB [라뮤끄 성형외과] 꿀팁 대방출 ! 작은눈&무쌍 성형 메이크업 (두 번째 손님) | LAMUQE

lamuqe · 2.6M views · 2 years ago

instagram @lamuqe_magicup 안녕하세용! 라뮤끄입니다 :) 2018년 NEW 프로젝트! [라뮤끄 성형외과]의 두 번째 손님을 모시게 ...

CC

무쌍 메이크업 애니메이션

웨이에이 _ WAY A · 1.3M views · 5 months ago

인스타그램 : @way___a 문의 : 🔲🔲🔲🔲🔲🔲🔲

(데일리) 오마이걸 승희의 무쌍 아이돌 메이크업 대공개♡ [팔로우미11] 6회

티캐스트 tcast · 1.2M views · 1 year ago

눈 사이가 멀어도! 쌍꺼풀이 없어도! 눈이 확 트여 보이는 무쌍 메이크업♡ '따라와, 보여줄게. 너의 예쁜 모습을' 인싸와 아싸는 한 끗 ...

무쌍이면 어때?? 난 무쌍이라 예뻐요!! | #무쌍메이크업 #고민해결 #학생메이크업 [하코냥/Hakonyang]

하코냥 Hakonyang ✔ · 1M views · 2 years ago

안녕하세요!! 하코냥입니다아아아아 어제 커뮤니티에 올라간 사진 다들 보셨쥬???!!!! 당연히 눈치채셨겠지만 모두모두 기다리고 ...

그림 7. 유튜브에서 '무쌍 메이크업' 검색 결과 캡처
검색일: 2020년 11월 24일

똑같이 안 그려지는데 유쌍은 의미가 없는 거죠. (사례 라)

즉 오늘날 디지털 문화에서 여성이 아름답다고 느끼는 것은 도달할 수 없이 저 멀리 있는 연예인의 외모나 상품이 아니라, 자신이 '접근 가능'한 것으로 여겨지는 외모나 상품이다. 뷰티 콘텐츠가 큰 인기를 끌게 된 것은 소셜미디어 플랫폼에 기반한 소통 가능성과 로컬화된 실용적이고 고급한 정보를 얻을 수 있는 접근성 덕분이다.

특히 소셜미디어의 알고리즘은 이용자가 좋아할 것 같은 정보 그리고 이용자의 현재 위치를 기반으로 한 정보를 추천한다. 이러한 추천 방식에 의해 점차 소셜미디어에서 접하게 되는 얼굴은 한국 여성으로 국한되는 경향이 높아졌다. 이 과정에서 아시아 여성과 서구 여성 사이의 얼굴 골격의 차이나 아름답게 재현하는 방식의 차이도 파악하게 된다. 이때 그 차이는 추상적인 차원이 아니라 눈으로 확인 가능한 훨씬 구체적이고 실제적인 것으로 인식된다. 또한 이 차이는 우열의 문제가 아니라 각기 다른 실제적인 방식을 통해 아름다움을 획득해야 하는 차이의 측면으로 이해된다.

서양 쪽은 잘 모르겠는데 동남아시아 쪽은 확실히 엄청 높아요. (한국 뷰티 유튜버의) 팬 비율이. 밋업 가서 라이브 같은 거 해주거든요. 못 가는 팬들을 위한, 근데 그런 거 봐도 한 번 딱 이렇게(카메라로 훑는) 하잖아요. 그럼 진짜 외국인들 많고. 이렇게 들고 오면은 외국인들 많고. (해외 뷰튜버도 본 적 있어요?) 네, 이름은 잘 기억 안 나는데 아예 그 뷰티 그 전문가? 그래 갖고 완전 포니처럼 예술적인 화장을 하는 사람이었거든요. 저는 딱 봤는데 한두 번 보고 말았던 게 한창 이거 보던 시기였는데도 약간 이게 그 한 번에 들으면서 알 수 있어야 하는데 자막을 까니까 영어로 들을 때도 이게 단계가 많잖아요, 메이크업은. 이거 한 다음에 이거 하고 이거 하고 이렇게 해주셍, 이걸 얹으면 더 예뻐요. 이러는데 한국은 그게 설명이 동시에 되는데 자막을 보거나 이게 들어도 다시 가서 봐야 되거나 그러니까. 그리고 백인들은 좀 워낙 얼굴이 입체적이니까 조금만 해도 셰이딩을 안 넣고 이렇게만 해도 얼굴이 살면 저희는 막 광대가 나오고 얼굴형이 크고 이러니까 그런 게 다르고. 저희가 그걸 따라 했을 때 부자연스럽고. 쓰는 제품 같은 것도 한국 유튜버들은 보면은, 그래도 어쨌든 간에 우리나라에서 구할 수 있는 그런 게 많은데 외국은… 브랜드를 말해도 걔네 드러그스토어에서만 구할 수 있다거나 이러면은 엥 뭐야 재미없네. (사례 가)

사례 가는 해외 뷰티 콘텐츠를 더 이상 보지 않는 이유가 해외 크리에이터의 정보는 접근 가능하지 않기 때문이라고 말한다. 즉 접근할 수 없는 정보에는 더 이상 재미를 느끼지 못한다는 것이다. 여성이 화장을 하고 특정한 모양의 몸을 만들기 위해 활용하는 정보는 반복적인 모방과 실천을 통해 화장한 얼굴, 매끈한 몸으로 물질화된다. 이미지와 동영상을 통한 구체성은 여성에게 그것의 실제적 적용 가능성을 높이고 디지털 정보를 물질적 형태로 전환하는 것을 용이하게 해준다. 궁극적으로, 접근 가능한 정보는 아름다움의 실현 가능성을 구체적 실천으로 이끄는 역할을 하는 것이다. 이는 사례 가가 자신이 구할 수 없는 화장품을 활용한 뷰티 콘텐츠에 왜 더 이상 흥미를 느끼지 못하는지, 한국과 아시아에서 한국의 뷰티 크리에이터가 왜 그토록 높은 인기를 얻고 있는지를 설명해준다.

해외 유튜버들은 유명은 해도 저희처럼 영상을 그렇게 엄청 찍고 계절별로 찍고 이런 것도 없고 걔넨 뭔가 시코르나 큰 화장품을 모아놓는? 그런 개념이 걔네한텐 유행을 하는데 우린 개인 숍들이 그러잖아요. 운동 영상 같은 게 더 인기가 많아요. 성형수술은 우리나란 얼굴 많이 해도 걔넨 얼굴, 엉덩이, 입술 이런 거 포니나 씬 님 같은 경우만 하더라도 한 2~3년 전까지만 해도 서구 화장이었거든요. 마스카라 딱. 이렇게 올려가지고 눈 크게 보이고. 어떻게 하면 동양적 얼굴을 서구 얼굴처럼 예쁘게 만드나 이런 거였는데. 이사배나 뷰티 유튜버들 정말 많아지고 나서는 자기 얼굴에 맞는, 자기 얼굴에서 예쁜 버전. 옛날에는 동양적인 얼굴을 서양적인 얼굴로 만들자 이거였다면 지금은 그냥 예쁜 얼굴로 만들자. 커스터마이징. 자기 얼굴형 이런 거 따라서 보는 친구도 많고. (사례 가)

확실히 그런 기준은 있는데 옛날에는 무리해서 그렇게 많이 했으면, 뭐 다 하얘야 되고 톤이 정말 어두운 사람도 얼굴만 그럼 하얘야 하고 분홍색 섀도가 유행이었으면 그게 안 어울려도 해봐야 되고 그런 게 있었는데 근데 확실히 그 기준이 없어지진 않았거든요. 근데 그게 옛날에는 그냥 딱 한 가지 그 아름다운 형태가 있었으면 지금은 좀 자연스럽게 자기 얼굴에서 그 느낌을 내는? (사례 사)

지금은 그냥 커스터마이징. 자기 얼굴형 이런 거 따라서 보는 친구도 많고. 옛날에 눈썹도 딱 이렇게 그려야 된다 이런 게 있었으면 눈썹은 그냥 자기한테 맞게 자연스럽게 그리면 되는 거고 뭐 이런 식으로. 이게 유튜버가 다양해지면서 그렇게 된 거 같아요. 옛날에는 전문가들이 나와서 했다면 이제는 일반인들이 유튜브에 뛰어드는 사람들이 많으니까, 그렇게 딱 정석대로 안 하고 야메같이 이렇게 해도 예쁘다는 걸 아니까 사람들이 아 그럼 나도 비슷하게 할 수 있

지 않을까. (사례 다)

뷰티 정보의 접근성 증가와 더불어 아름다움의 기준이 다양
해지기 시작했다. 연구 참여자들은 아름다움의 기준이 개인에
따라 다르다고 설명한다. 너무나도 다양한 여성이 각자 다른 자
신의 얼굴을 바탕으로 아름다움을 구현하고자 할 때, 그 방식은
필연적으로 다양해질 수밖에 없다. 따라서 뷰티 크리에이터는
자신의 콘텐츠를 보는 다양한 얼굴 모양을 가진 구독자의 필요
에 맞게, 그들이 커스터마이징할 수 있도록 다양한 경우의 수에
맞춘 정보를 제공한다.

물론 그럼에도 화장을 하는 방식의 골자는 '눈은 크게, 코는
높게, 턱은 갸름하게'다. "일자눈썹을 그려도 얼굴이 작아 보이
거나 짧아 보였으면 하는 것이 담겨 있고, 각진 눈썹을 하더라도
셰이딩을 해서 얼굴을 작게 만들고자 하는 것(사례 라)"이다. 서구
적 아름다움을 연상시키는 흰 피부나 오뚝한 코, 작은 얼굴 등이
여전히 미의 기준을 점하고 있지만, K-뷰티의 맥락에서 한국식
화장으로 연출되는 '흰 피부'는 '백인 같은 피부'가 아니라 '한국
식 피부 표현' 또는 '한국인처럼 보이는 피부 표현'으로 받아들여
지고 또 표현된다.

이는 동시대의 아름다움이 초국적, 트랜스-지역적 공간과 문

화 속에서 구성되고 있음을 말해준다. K-뷰티가 추구하는 아름다움에서 흰 피부는 백인의 피부에 대한 동경에서 시작됐을지도 모른다. 하지만 K-뷰티가 아름다움을 실현하는 하나의 장르 혹은 콘텐츠로 자리 잡으면서 '흰 피부'는 더 이상 백인의 피부를 표현하는 것이 아닌, 한국적인 것으로 여겨지는 '혼종적(hybrid)'인 것이 됐다.[16] 이미 한류 메이크업은 서양의 외양(흰 피부, 오똑한 코, 큰 눈과 쌍꺼풀)을 본뜬 화장의 로컬화를 통한 혼종적인 것이다. 특히 한류, 나아가 K-뷰티를 매개로 한 팬 혹은 콘텐츠 구독자 간의 초국적 소통과 참여는 문화적 다양성을 확인하고 쌍방향 소통이 가능한 일종의 거대 커뮤니티를 형성함으로써 아시아의 미에 대한 새로운 참조 체계를 만들고 있다.

자기 계발적
변형성/수행성

가능성으로서의 가상성

'디지털 심미안'은 '디지털 가상성'에 기대어 있다. 디지털 가상성은 미적 감각에 관한 지각 체계와 그 경험에 중대한 변화를 가져왔다. 디지털적 변형을 가능케 해준 '디지털 가상성'은 그 자체로 아름다움을 위한 전제 조건이 되고 있다. 예컨대 디지털 세대 여성은 소셜미디어에 자신을 대표할 프로필 사진을 올리기 위해 사진 찍기와 보정하기를 반복하면서 자연스럽게 보정 기술은 물론이고 보정 후에 어떤 얼굴이 예쁜 얼굴인지, 또한 이 과정을 거쳐 무엇이 예쁜 얼굴의 구성 요소인지 파악하게 된다.

　이미지 보정에 익숙한 디지털 세대 여성은 소셜미디어에 올린 보정한 얼굴이 실제 얼굴과 당연히 다르다는 것을 안다. 하지만 보정을 거쳐 더 예쁜 얼굴로 스스로를 재현하는 것에 대한 부정적 시선은 거의 존재하지 않는다. 오히려 그러한 이미지를 잘 생산하는 경우, 즉 '사진을 잘 찍는', '사진을 예쁘게 찍는' 경우에는 부러움의 대상이 된다. 소셜미디어에서 예쁘다고 여겨지는 마이크로 셀럽이 실상 그렇게 유명인이 될 수 있었던 것은 스스로를 돋보이게 할 수 있는 보정 능력, 즉 디지털 리터러시를 통해 소셜미디어에서는 얼마든지 네트워크상에서 선호되는 얼굴을 할 수 있기 때문이다. 게다가 다른 사람의 모습을 대면 상황에서보다 스크린을 통해 보는 경우가 압도적으로 많은 디지털 세대에게 보정을 거친 디지털화된 얼굴은 현실의 눈으로 보는 '실제' 얼굴보다 더 익숙하다. 동시대 젊은 여성이 인식하는 아름다움은 그러한 특수성에 기반해 있다.

디지털 테크놀로지의 발전 속에서 정보는 점점 더 일상에 깊숙이 침투하고 있다.[17] 연구 참여자들이 화장을 하고 특정한 모양의 몸을 만들기 위해 활용하는 정보는 반복적인 모방과 실천을 통해 이들의 화장한 얼굴, 매끈한 몸으로 물질화되고 있다. 이미지와 동영상을 통한 구체성이 이들에게 정보의 실제 적용 가능성을 높이고, 그럼으로써 디지털 정보가 물질적 형태로 전환되는 것이다.

여성의 몸은 다양한 멀티미디어 정보가 빠르고 적극적으로 적용되는 대상이 되는데, 이러한 정보의 적용을 가능케 하는 구체성은 디지털 테크놀로지가 제공하는 가상성으로부터 확보된다. 가상성은 물질적 대상을 정보 패턴으로 해석할 수 있다는 문화적 개념으로, 따라서 물질성과 정보의 분리를 내포한다. 그런데 여성에게 구체성과 실천 가능성을 제공하는 멀티미디어 정보의 풍부한 설명력은 물리적 현실 공간의 역할을 최소화하기도 하지만 물질성을 아예 없애는 것은 아니다. 연구 참여자들의 일상에서 물질과 정보는 분리되는 것이 아니라 오히려 실시간적인 참조와 실천, 공유와 생산을 통해 상호 구성되고 또 합치되고 있다.

그 대표적인 예는 이미지다. 동시대 10~20대 여성에게 디지털 이미지는 이전 세대가 가졌던 것과는 다른 의미를 가진다. 이들은 지금 40~50대인 텍스트 세대, 30대인 디지털 이민자 세대와 달리 단순히 TV나 광고를 통해 일방향의 이미지를 수용해온 세대가 아니다. 이들은 적극적으로 이미지를 찾아내고, 자신을 드러내는 하나의 방법으로서 몸을 드러내고 관련한 이미지를 만들고 공유해온 첫 번째 세대다. 모바일 세대 여성의 일상은 컴퓨터, 스마트폰과 함께한다. 디지털 기기를 사용할 때 가장 많이 쓰는 기능 중 하나가 바로 일상과 자신의 상태를 사진으로 찍고 그것을 공유하는 것이다. 지금과 같은 소셜미디어 플랫폼에서 자신을 가장 빠르고 효과적으로 표현하는 방식은 개인의 경험과 생각을 쓴 텍스트가 아니라 바로 이미지다. 그 이미지가 바로 자신이 되는 것이다.

이미지와의 거리가 좁혀지면서 여성은 물리적 현실의 자기 모습만큼이나 소셜미디어에 업로드하는 이미지 속의 얼굴을 신경 쓴다. 그래서 디지털 이미지에 적합한 방식으로 얼굴을 변형하려고 노력하는 것이다.

(지금 계속 턱을 누르고 있는 거예요? 교정하려고?) 네. 이쪽이 더 들어가 있으니까 이쪽을 더 눌러서 비슷하게 하려고. 아 진짜 사진을 딱 찍으면은 비대칭이에요. (사례 I)

근데 좀 제 사진만 본 애랑 만날 때는 부담돼요. 좀 다를 거 같아서 실망할까 봐. 사실 전 그냥 코만 줄이거든요. 저는 그런데 딴 애들은 완전 딴. 뭐 저도 그렇지만. 사진을 찍으면요 너무 크게 나와요. 싫어서. 톡톡하면. 줄여지더라고요, 사진에. 근데 진짜 사진 찍으면 크게 보이긴 해요. 거울이랑 달라요. 다른 애들도 그래서 성형하고 싶어 할걸요. 여기가 좀 넓어서요. 여길 깎고 싶거든요. 이렇게 이렇게 (손으로 모양 만듦). 할지 안 할지 잘 모르겠어요. 주변 성형 완전 많아요. 그냥 눈은 기본으로… 코 하는 애들도 있고. 대학교 땐 걍 다 하지 않아요. 달라지긴 하더라고요. (사례 C)

사례 I와 C는 평소 자신의 얼굴 사진을 통해 '비대칭' 혹은 '너무 크다'고 느껴 바꾸고 싶은 부위를 인지하고 있다. 사례 I는 인터뷰하는 내내 한쪽 턱을 손으로 꾹꾹 누르고 있었는데, 그 이유는 사진을 찍었을 때 자신의 얼굴이 비대칭으로 보이기 때문이라는 것이다. 소셜미디어 공간에서 이용자 간에 소통할 때 주요하게 활용되는 정보 형식은 텍스트나 동영상에 비해 이미지의 비중이 높다. 소셜미디어를 또래집단의 공간이자 동시대성을 파악하는 통로로 인식하는 여성은 이 공간에서 중요한 소통 방식으로 여겨지는 이미지를 고려하지 않을 수 없다. 사례 I가 인터뷰하는 내내 한쪽 턱을 누르고 있었던 이유는 특정한 시간, 카페라는 물질적 공간에서 연구자와 마주 보고 앉아 있는 '여기'에 자신이 어떻게 보일지보다 향후 이미지로 남겨지게 될 자신의 얼굴이 더 중요했기 때문이다.

사례 C 역시 사진을 찍을 때마다 '크게 나오는 코' 때문에 성형을 생각한다. 거울과 달리 사진에서는 더 크게 나오는 코 때문에 사진을 찍을 때마다 코의 크기를 줄이는 보정이 필요하며, 향후 성형을 고려하게 된다는 것이다. 사례 C는 코뿐 아니라 자신의 얼굴에 어떤 변형이 필요한지에 대한 아주 구체적인 상을 가지고 있었다.

연구 참여자들에게 소셜미디어 공간은 단순히 가상공간이거나 현실 속 관계 혹은 일상을 반영하거나 재현하는 곳이라기보다 현실을 규정하는 곳이다. 그래서 오히려 현실의 물질적 몸과 디지털 이미지의 중요성이 전도되기도 한다. 예컨대 소셜미디어에 여성이 업로드하는 몸 이미지가 현실의 물질적 몸보다 우위에 있게 되는 경우가 생기는 것이다. 더 예쁜 얼굴 사진을 위한 다양한 노력, 특히 화장을 하고 다이어트를 하는 등의 물리적인 노력이 아닌 수십, 수백 장의 셀피를 찍고 또 이미지를 변형할 수 있는 프로그램을 통해 많은 시간을 들여 자신의 이미지를 고치는 노력이 이를 말해준다.

보정… 전 많이 하진 않아요. 사진 보면 실물이랑 다른 애들도 있잖아요. 그렇게까진 안 하고 그리고 봤을 때 불편하지 않게 하는데. 친구들은 턱 많이 깎고 브이라인 깎고 눈 좀 키우고 이렇게 하는데. 저는 그냥 여드름이 되게 많이 나오는 게 안 좋아서, 사진 찍었을 때 여드름이 더 잘 보여요. 화질이 진하게 하는 걸로 찍으니까 눈코입이 잘 나오게 하려고 선명한 걸로 찍으니까 이런 게 더 잘 보이는 거예요. 그래서 여드름 같은 거 지우고 눈 한두 번 키우고. 딱딱 한 번씩 키우고 그냥 그러고 기본적인 사진 화질 같은 거 조금 맞게 바꾸고 그러고 올리는데. 애들은 턱을 많이 깎더라고요. 저는 인조처럼 이렇게 되는 게 싫어서 자연스러운 게 좋아서 눈도 딱 한 번씩만

키우고 여드름 지우는 것만 하고 말아요. (사례 D)

약간 저는 사진에 얼굴 모양에서 울퉁불퉁한 거 다 지우고 턱 좀 지워버리고. 얼굴형이 이뻐 보여야 다른 것도 이뻐 보이니까. 톤 보정 이런 거는. 그냥 뭐 카메라를 찍었을 때. 필터 카메라 사용해서 찍고. (사례 M)

사진 찍었는데 못 나왔는데 손대면 이쁠 거 같아서 그런 건 손대고. 정말 티 안 나게. 슬쩍슬쩍 손대고. 손댈 게 별로, 별거 손댈 거 없으면 핸드폰으로 슬쩍슬쩍 해요. 근데 스케일이 크면 제대로 이거 티 안 나게 해야겠다 하면 컴퓨터 앞에 앉아서 포토샵을 키죠. 전 포토샵으로. 프로필 사진 같은 건 싸이메라로, 얼굴 광대 조금 줄이는 건 싸이메라로 하는데, 근데 코 볼도 줄여야 되고 눈두덩이 지방 좀 늘려야 되고 그럴 땐 이제 포토샵으로 하죠. (어떤 모양으로 바꾸는 건가요?) 그거는 여태까지 제가 봐온 기준으로, 여태까지 봐온 모든 여자들의 아 이런 게 이쁘다 싶고 제 얼굴에 맞는. (사례 O)

(카메라 보정 앱으로) 얼굴형 주로 보정해요. 터치해서. 이렇게 밀어넣는 거예요. 움직일 수 있어요. (주로 어떤 모습으로 만들어요?) 약간 U자 모양으로? 그리고 작아 보이게. 얼굴만 나오는 거는 별로. 얼

굴이 커 보인다, 작아 보인다가 없는데. 얼굴형은…. 마음에 안 들면 눈도 하고. 되게 요기가 여백이 많으면은, 사진 찍었을 때 여백이 많으면은 (눈 끝과 관자놀이 끝) 여기 살짝살짝 늘려주고. 눈은 거의 약하게 해요. 너무 크게 하면 티 많이 나니까. 이렇게 그냥… 이 정도만 생겼음 좋겠다. (사례 B)

연구 참여자들 사이에서는 일명 '뽀샵', 즉 이미지 보정 없이 사진을 게재하는 것은 있을 수 없는 일이다. 이들은 모두 연구자가 이미지 보정에 대해 물었을 때 별것도 아닌 것을 질문한다고 여기는 듯이 심드렁해 보였다. 그 정도로 이미지, 특히 소셜미디어에 공유될 자신의 얼굴 사진을 보정하는 것은 의문을 가질 필요도 없이 당연하고 자연스러운 것이었다.

오늘날 사진을 찍는다는 것은 기록, 보관보다는 소셜미디어를 통해 공개될 것을 전제로 한다. 소셜미디어에 사진이 업로드된다는 것은 그 사진이 곧 자신을 대표하는 이미지 중 하나로 여겨지게 될 것을 의미한다. 따라서 가능한 한 최상의 이미지를 만들 필요가 있다. 이때 주로 보정하는 부위는 얼굴이다. 물론 '전신 샷'일 경우에는 가슴을 키우거나 허리와 허벅지 안쪽을 잘라내 날씬하게 만들기도 하지만, 가장 자주 찍고 또 공유하는 얼굴 사진이 보정의 주 대상이 된다.

연구 참여자들에게 얼굴은 '얼굴'이라는 하나의 통합된 것으로 이해되기보다 턱, 광대, 콧대, 콧방울, 눈 길이, 눈 크기, 쌍꺼풀, 눈썹 길이, 눈두덩이, 관자놀이, 인중, 미간, 이마, 볼 그리고 피부색과 얼굴형 등 세부 영역으로 나뉘어 받아들여진다. 연구 참여자들은 자신의 얼굴을 볼 때도 이 각각의 부위를 세심하게 관찰하고 평가한다. 셀피를 보정할 때도 각각의 부위는 적합하다고 여겨지는 모양으로 바뀌어야 하는 대상이 된다. 예컨대 사례 D는 눈과 피부, 사례 M은 턱과 얼굴형, 사례 O는 광대와 콧방울, 눈두덩이 그리고 사례 B는 눈과 얼굴형을 바꾸는 등 얼굴을 마치 원하는 부품으로 대체해 조립하듯 한다.

얼굴/몸을 바꿔야겠다는 콘셉트는 자연스럽게 생기기보다 테크놀로지가 매개하는 이미지를 통해 등장했다. 1980년대 들어 발전한 인간의 인지 범위를 재규정하는 시각화 기술은 몸을 분리된 부분과 조각으로 파편화하고 시각적 매개체로 만드는 기능을 한다.[18] 시각화 기술은 대표적으로 CT나 초음파, MRI 등 의료 분야에서 특히 발전해왔고, 지금의 성형수술 기술과 문화에서 꽃피우고 있다. 이 기술은 물질적인 몸을 가시적인 매개체로 변형하는데, 인간의 자연적 눈으로는 파악할 수 없는 부분을 시각화할 뿐 아니라 반복해서 보기, 이미지로 캡처하기, 원하는 부분 확대하기, 자세히 보기, 복제 등을 가능케 한다.

이 같은 시각화 기술은 '몸'에 대한 관점을 바꾸는 데 크게 기여해왔다. 예컨대 이미 유년 시기부터 이미지를 만들고 변형하고 합성하고 또 패러디하면서 자라온 여성에게 성형외과에서 첨단의 것으로 소개, 홍보하는 '신기술', 사람의 얼굴을 성형 의학이 미인의 기준으로 제시하는 수치와 비율에 맞춰 분석하거나 타인의 얼굴을 비슷하게 모방하거나 얼굴이 부위별로 변형됐을 때의 모습을 예측하는 등의 풍경은 매우 익숙한, 전혀 이상하지 않은 모습이다. 지금 여성은 아무런 거리낌 없이 자신의 얼굴 이미지를 변형하거나 상황에 따라 각기 다른 버전의 자기 얼굴 이미지를 활용한다. 여성에게 몸은 더 이상 특정한 물리적 공간에 붙어 있는 유일하며 변하지 않는 것이 아니다.

스마트폰 카메라와 이미지 보정 프로그램은 물질적 얼굴에서 보정된 얼굴 이미지에 이르는 과정을 연속선상에서 파악할 수 있게 해준다. 이는 실제의 자신과 달라진 자신의 얼굴 사진과의 경계를 흐릿하게 한다.

셀카 같은 건 진짜 잘 나온 것만 올리니까 진짜 나라고 착각할 때도 있고 내가 이렇게 오늘 사진발이 잘 받았어, 이런 의미? 보정한 사진이 나라고 가끔 착각할 때가 있어요. 그래서 애들이 딱 보면은, 이게 무슨 너냐고 하면 그때서야 아… 아니구나. (사례 N)

Ulike유라이크
Naturally beautiful
★★★★⯪ 5.9만

받기

앱 내 구입

SODA 소다 Natural Be...
쉽고 가벼운 뷰티 카메라
★★★★★ 7.4만

받기

그림 8. 카메라 앱 유라이크
그림 9. 카메라 앱 소다

SNOW 스노우
사진 및 비디오
★★★★☆ 13만   받기

BeautyPlus - 완벽한...
뷰티플러스 더 이쁜 셀카를 위한...
★★★★★ 6.5만   받기

앱 내 구입

그림 10. 카메라 앱 스노우
그림 11. 카메라 앱 뷰티플러스

Peachy - 완벽한 리터치...
몸매 보정, 사진 보정, 문신, 머리…
★★★★★ 2.3천

받기

앱 내 구입

MakeupPlus
메이크업플러스 프로페셔널 메이…
★★★★☆ 5.8천

받기

그림 12. 카메라 앱 피치
그림 13. 카메라 앱 메이크업 플러스

제가 사진 찍고 찍고 또 찍고 찍고 계속 찍다 보니까 이게 지금의 셀기꾼이 완성이 된 거고. 포토샵도 계속 만지고 하니까. 난 아무리 봐도 똑같다고 생각해요. 지금 프로필 사진은 조금 다르지만. 옛날에는 사진 찍으면 막 얼굴 가리고 찍고 그랬거든요. 스티커로 가리고 했는데, 요즘에는 안 가려요. 보정을 이제 (하죠). (사례 O)

예전엔 안 그랬는데 지금은 이게 더 큰 거 같아요. 사진으로서의 나요. 솔직히 저도 잘 모르겠어요. 혼동돼요. 한편으로는 이게 나인 거 같기도 하고 사진을 올렸을 때나 인터넷을 할 때는 이게 나라는 생각이 들고요. 이게 나지, 이렇게 생각 들기도 하고, 친구를 딱 만나고 있으면 이게 나고. (사례 C)

사례 N은 가끔 보정으로 고쳐진 얼굴이 자신이라고 '착각'하지만 친구로부터 실제 얼굴과 다르다는 평가를 들을 때 그 이미지가 자신이 아니라는 사실을 깨닫고는 한다. 이는 사례 C가 인터넷을 할 때와 오프라인에서 친구를 만날 때 각각 프로필 사진과 물질적 신체라는 각기 다른 자신으로 구분되어 있다고 생각하는 것과 비슷하다. 이들은 보정한 이미지를 기본적으로는 자신이라고 생각한다. 단지 약간의 기술적 도움을 받아 조금 더 예쁜 버전의 얼굴 혹은 '사진발이 진짜 잘 받은' 것뿐이다. 즉 실제 자신과 그 실제 자신을 찍은 이미지 그리고 그 이미지를 기술적으로 변형한 이미지는 모두 자신으로부터 생성된 것이다.

아무리 변형한 이미지라 할지라도 그것은 기본적으로 자신으로부터 나온 것이며, 보정을 할 때면 일관된 패턴으로 얼굴을 고쳐 나간다. 앞서 살펴본 바와 같이 누군가는 피부 톤을 주로 보정한다면 누군가는 눈 크기와 관자놀이의 면적을 신경 쓰는 식이다. 따라서 보정된 이후 각기 다른 사진의 보정된 얼굴은 대부분 비슷해진다. 사례 O는 보정한 이미지가 '아무리 봐도' 자신의 실제 얼굴과 똑같다는 확신을 가진다. 연구에 참여한 이들의 페이스북에 올라와 있는 몸 이미지는 셀피를 '찍고 찍고 또 찍고', 스마트폰뿐 아니라 포토샵으로도 보정을 할 정도로 반복적이고 방대한 시간을 들여서 완성된 것이다. 이 같은 반복성은 이들을 셀피 보정의 숙련자로 만들 뿐 아니라 얼굴(이미지)의 변화 과정 자체를 자연화한다. 조금 마음에 들지 않는 부분을 수정해서 더 나은 이미지로 만드는 것이 당연하며 또 모두가 그것을 용인한다.

이들 여성이 즐겨 쓰는 다양한 카메라 앱에는 이미지를 자르고 회전하는 '편집' 메뉴와 채도와 밝기 등을 조절할 수 있는 '보정' 메뉴 등 기본적인 이미지 편집 기능 외에 '미용' 메뉴라는 게 있다. 미용 메뉴의 세부 기능은 '눈 크게', '스마일', '갸름하게',

'터치 성형', '잡티 제거', '메이크업' 등으로 얼굴 보정에 집중된다. 여성은 이러한 기능을 통해 아주 쉽게 자신의 눈을 키우고, 턱을 잘라내고, 피부를 화사하게 바꾼다.

이와 같은 이미지 편집 기능은 성형을 가상으로 경험하게 해준다. 물론 몸의 변형에 수반되는 고통이나 두려움과 같은 감각이나 감정 그리고 수술비는 들지 않는다. 사례 O의 표현대로 '슬쩍슬쩍' 손만 대면 원하는 대로 얼굴을 새롭게 만들 수 있다. 게다가 셀피 보정 프로그램은 여성의 얼굴을 '어떻게' 새롭게 만들 것인지 가이드라인을 제시한다. 구체적으로 미용 메뉴는 여성에게 여성의 얼굴이 어때야 하는지 알려준다. 얼굴형은 갸름하고, 눈은 크며, 잡티 없이 웃는 얼굴이어야 한다. 그리고 이외에 마음에 들지 않는 부위는 메이크업과 성형으로 변형할 수 있다.

셀피 보정은 이용자들 사이에서는 불문율이지만, 보정 과정이 자연스럽고 당연하게 이루어지게 되면서 종종 문제를 일으키기도 한다. '셀기꾼(셀피 사기꾼)'이라는 신조어를 탄생시킬 만큼 셀피 이미지는 실제 얼굴에 비해 예쁘다. 그래서 소개팅에 나갔을 때 미리 페이스북 사진을 보고 온 상대방이 당혹해하는 경험을 하기도 한다. 또는 온라인 친구와 오프라인에서 만나는 것을 꺼리는 경우도 생긴다.

요즘 남자들이 하는 말이 있어요. 여자 사진을 믿으면 안 된다고…. 근데 보정도 괴리감보다는 살 빼면 이렇게 되겠다, 괴리감이 들면 사진도 안 올리겠죠. 조금의 희망이라도 있으니까. 이건 나야, 이러니까 딱 올리는 거죠. 다른 사람은 뭐야… 그러겠지만요. (사례 F)

(보정) 하죠. 여자들은 다 할걸요. 주로 싸이메라 같은 거 이용해서. 톡톡 하고 피부 보정하고 조명 조절하고 이런 것들. 셀기꾼 그런 말 있어요, 셀카 사기꾼이라고 해가지고. 그래서 아까도 소개받았다가 차는 이유가 셀기꾼이라고. 사진이랑 저렇게 다른 애를 소개해주냐고 그런 경우도 있고. (사례 P)

사례 F와 사례 P가 말하듯이 주로 소셜미디어에 업로드하는 이미지는 다양한 조명 효과와 보정을 거친 것이기 때문에 실제 얼굴과 조금씩은 다르기 마련이다. 물론 완전히 못 알아볼 정도로 변형하지는 않지만, 기본적으로 눈을 좀 크게 한다든지 턱을 깎는 등의 변형을 가하면 완전히 다른 얼굴은 아닐지라도 '실물'과는 다를 수밖에 없다. 그리고 언제나 '실물'보다 예쁘다. 그래서 남초 커뮤니티 등에서는 '여자 사진' 혹은 '페북' 이미지는 보이는 그대로 믿으면 안 된다는 푸념이 생길 정도다. 소셜미디어의 이미지와 반대되는 의미의 '실물'이라는 표현에서 이 이미지

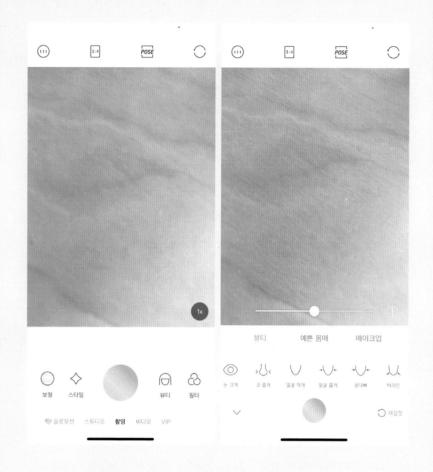

그림 14. 카메라 앱 유라이크의 촬영 모드
그림 15. 카메라 앱 유라이크의 뷰티 모드 (1)

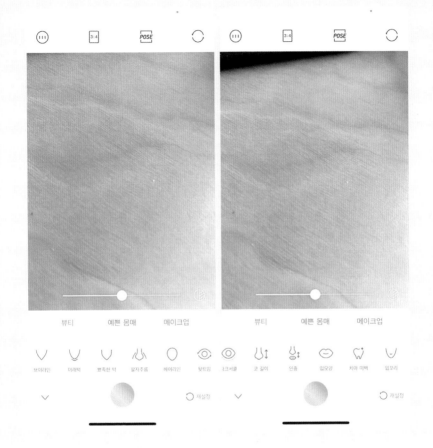

그림 16. 카메라 앱 유라이크의 뷰티 모드 (2)
그림 17. 카메라 앱 유라이크의 뷰티 모드 (3)

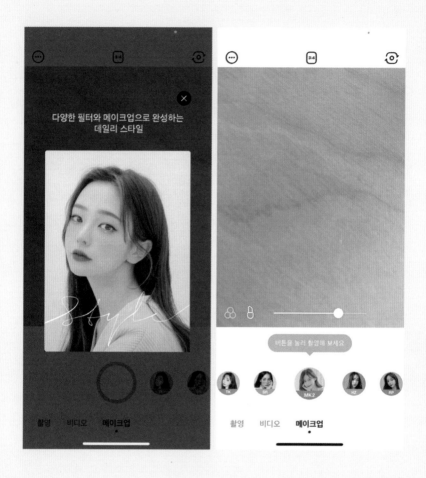

그림 18. 카메라 앱 소다 메이크업 모드 (1)
그림 19. 카메라 앱 소다 메이크업 모드 (2)

속의 얼굴은 가상의 것임이 드러난다.

하지만 여성 사이에서 '셀기꾼'과 변형된 가상적 얼굴은 그렇게 부정적인 것으로 여겨지지 않는다. 그것은 대부분의 여성이 자신의 얼굴 사진을 보정하기 때문이고, 또 누구나 그 공간 안의 얼굴 이미지는 어느 정도 변형이 가해졌을 거라고 생각하기 때문이다. 무엇보다 여성은 이 변형된 이미지가 완전히 허무맹랑한 것은 아니라고 생각한다. 여성은 셀피를 '살만 빼면' 도달하게 될 미래의 얼굴 혹은 실제 자신의 얼굴 중 가장 잘 나온 경우라고 생각한다. 즉 변형된 이미지의 얼굴이 화장 기술을 더 연마하거나 성형 시술 혹은 수술을 한 후의 나, 살을 뺀 후의 나, 미래의 나일 것이라고 여기기 때문이다.

저는 옛날에는 포토샵을 진짜 많이 했거든요. 근데 요즘에는 그냥. 제가 하도, 첨엔 장난으로 시작했어요. 제가 예쁘다는 말을. 아, 나 예쁘다, 귀엽다, 장난으로 시작했는데, 계속 하다 보니까 잠깐 세뇌가 됐는지 거울 볼 때 예뻐 보일 때가 있어요. 보면은 아, 볼 만하다, 여기서 살 빠지면 콧대도 좀 더 생길 거고, 눈이 좀 더 커질 테고, 내가 좀 살 빼서 좀만 더 관리하면 괜찮아지겠다 싶을 때가 있는데. (사례 O)

사진 찍고 보정하고 난 다음에 꼭 우기는 애들 있어요. 이 사진이랑 나랑 완전 똑같이 생기지 않았느냐고. 자기가 느껴지는 대로 자기를 고치는 거예요, 사진을. 거울 맨날 보는데 모르나 봐요. 왜 이렇게 니 얼굴이랑 다르게 하냐고 그러면 완전 안 다르다고 얘기하는 애도 있고. 사진은 (변형이) 되니까, 성형은 못 해도 사진으로는 성형할 수 있으니까, 사진으로라도 그렇게 하고 싶다고 얘기하더라고요. 보여주면서도 야 다르긴 다르냐, 많이? 다르냐고 물어보면서 다르다고 하면 또 싫어해요. 보정한 사진은 자기가 원하는 얼굴 그리고 그게 자기 진짜 얼굴. 마음은 그렇게 생각하는 거죠. (사례 D)

사례 O는 살만 빠지면 자신이 셀피를 보정하는 방식대로 콧대와 눈이 바라는 만큼 예뻐질 수 있다고 생각한다. 사례 O는 스마트폰뿐 아니라 포토샵으로 아주 정교하게 이미지를 보정하는 축에 속하는데, 반복적으로 자신의 보정된 이미지를 보면서 거꾸로 현실 속 자신의 얼굴에서 그 보정된 얼굴을 발견한다. '잠깐 세뇌'가 됐을 정도로 사례 O는 이제 거울을 보면서 지금 거울에 비친 자신의 얼굴을 보는 것이 아니라 보정을 통해 살이 빠진 미래의 얼굴을 미리 보고 있다. 사례 O에게 변형된 셀피 이미지는, 사례 D가 말하듯이, '자기가 원하는 얼굴', 그래서 그것이 '진짜 자기 얼굴'이다. 즉 타고난 얼굴보다 자신이 원하는 방식으로 변형된, 혹은 변형될 얼굴이 '진짜 자기 얼굴'인 것이다.

보정한 이미지를 통해 미래의 혹은 되고 싶은 자신을 보는 것은 연구 참여자들에게 아직 자유롭게 성형하지 못하거나 원하는 만큼 꾸밀 수 없다고 여기는 '지금'을 벗어나는 경험이기도 하다.

사진 보정하는 건 그래도 애교로 봐줘야죠. 보정한 얼굴은 되고 싶은 얼굴? 눈 작은 애들은 눈 엄청 키우려고 하고 턱 나온 애들은 턱 엄청 깎고 얼굴 까만 애들은 얼굴 하얗게 하려고 하고. (사례 K)

가상이고⋯ 나긴 난데⋯ 조금 변형된. 거의 실제. 만약에 제가 엄청 예쁘게 해서 올렸다 하더라도 실제로 만나면 되게 민망할 거 아니에요. 그렇게까지 해보고 싶은 마음은 없어요. 귀찮기도 하고. 만약에 뭐 이런 건 있겠죠. 어떤 대학교에 가고 싶거나 이런 애들은 미리 띄워놓기도 하고. 직업 써놓기도 하고. 거의 그런 애들은 있죠. 어떤 일을 하고 싶은 애들은 어떤 일을 하는 중, 이렇게 띄워놓기도 하고. 셀카도 올리는 거죠. 내가 되고 싶은 약간 그런. 그렇게 자기가 되고 싶은 그런. (사례 H)

애들도 인정해요. 내가 셀카 보고 야 이건 심하지 않냐. 아 애들이 왜 셀카에 집착하냐면요, 지금은 내가 당장 예쁘지는 않잖아요. 이렇게 될 수는 없잖아요. 셀카 만들어내면서 얘는 제2의 나니까 얘를 꾸미면서 위안을 얻는 것 같아요. 보정을 하긴 했어도 그래도 나는 나잖아요. 나한테서 나온 거니까. 얘를 꾸미면서 위안을 받는 것 같아요. 제일 이뻤을 때의 나니까. 일단 실제의 나는 아니니까. 셀카를 어떻게 설명해야 할지 모르겠어요. 나긴 난데. 제2의 내가 제일 적당한 것 같아요. 내가 현실에서 표현하고 싶은데 할 수 없는 걸 표현하는 거. (사례 A)

사례 H는 자신과 친구들이 셀피 보정을 하는 것은 또래들이 디지털 공간의 가상성을 십분 발휘해 진학하고자 하는 대학이나 희망하는 직업 등 미래의 자기 모습을 그리거나 다짐하고 공표하는 것과 같은 것이라고 생각한다. 즉 가능성을 확인하는 공간이다. 학생이라는 지위 외에 아무것도 정해진 것이 없는 한국의 고등학생에게 페이스북의 학교, 직업, 프로필 사진 공간은 가상이라는 특징을 통해 물리적 현실을 위반하거나 아직 오지 않은 미래를 미리 소환해낼 수 있다는 점에서 해방적이다.

소셜미디어라는 디지털 공간은 10대 여성에게 미래의 가능성이나 현실의 가장 좋은 점을 담지하는 공간으로 여겨진다. '실재'가 아닌 것을 '체험'할 수 있는 경험을 제공하고 '미래'를 가시화함으로써 '실재'와 '가상'의 경계를 다른 방식으로 제시한다.

이 공간에서 데이터/정보는 물질화를 예비하고, 이 물질화는 부단한 정보의 수집과 반복적 실천을 통해 완성될 수 있다. 따라서 실재와 가상은 연속선상에 놓여 있는 것이 되고, 가상성은 10대 소녀에게 허무맹랑하거나 판타지이기만 한 것이 아니라 가능성으로 여겨진다. 그것이 달성될 미래가 언제일지는 모르지만 가상적 이미지는 실현 가능한 것이며, 실현을 위한 실제적 노력을 지시한다.

이때 동원되는 것이 각종 화장품과 다양한 피부 관리 방법 그리고 다이어트용 뷰티 상품이나 성형이다. 자본주의는 보이지 않는 미래를 보여주는 방편으로 시각화 기술을 이용한다. 미래를 보여줌으로써 그러한 미래를 달성하기 위한 다종다양한 노력, 즉 상품 소비를 추동하는 것이다. 이 다양한 상품-정보를 통해 가상성을 물질성으로 바꾸기 위한 노력과 계획은 정보화되는 몸이 단순히 재현의 차원이 아니라 존재론적 차원의 변화를 수반함을 의미한다.

언젠가부터 그냥 거울을 (안 봐요)…. 내 모습이 마음에 안 드는 게 싫어요. 그리고 솔직히 좀 소셜미디어, 대중매체 이런 거 영향이 큰 거 같아요. 연예인, 얼짱 그런 게 없었으면은 이런 일도 없는데. 그런 애들 보면서 와 진짜 이쁘다 하면서 다 따라 하고. (사례 L)

사례 L은 '내 모습이 마음에 안 드는 게 싫다'고 말한다. 그래서 자신의 마음에 드는 모습이 되기 위해 예쁘다고 여겨지는 유명한 여성을 '다 따라 한다'. 변형의 가능성은 실제로 사례 L이 이야기하듯이 마음에 안 드는 부분에 대해 고칠 필요를 생산한다.

인터넷 미디어의 시각 문화 속에서 성장해 자신의 얼굴이나 몸 이미지의 변형에 익숙한 지금의 10대와 20대 초반 세대의 성형수술 고려도와 실천이 높아진 것은 미용산업의 공격적 마케팅이나 성형 기술의 발달 등과 함께 사진 찍기의 일상화 및 '전시하는 주체'로서 '뽀샵', 가상 성형, 보정 등을 통해 놀이처럼 변형된 이미지를 공유할 수 있게 된 소셜미디어 정보 환경과 무관하지 않다.

예를 들어 회원 수와 카페 활동이 가장 많은 한 포털 사이트 내 성형 정보 카페의 '성형하고 싶은 이유' 게시판에는 대체로 비슷한 내용의 글이 올라온다. 예컨대 자신감, 자기만족과 같은 추상적인 내용에서부터 연애, 결혼, 취업 등과 같이 구체적인 내용에 이르기까지 성형을 하는 일반적인 이유로 알려진 것들이다. 하지만 최근 들어 부쩍 새롭게 등장한 '성형하고 싶은 이유'가 있다. '사진이 어색해서', '셀피나 포토샵 없이 얼굴 가리지 않고 사진 찍고 싶어요', '사진도 예쁘고 싶어서', '옆모습 사진을 많이 찍을 수 있어서'와 같은 내용이 그것이다. 이는 '성형하면 뽀샵(보정)을 안 해도 되니까 좋을 것 같다'는 대부분의 연구 참여자의 대답과도 비슷한 맥락에 있다.

그러나 여성이 롤 모델로 삼고 벤치마킹하는 얼굴은 이미 화장이나 성형, 이미지 보정을 통해 만들어낸 모습이다. 즉 보통의 일상에서는 결코 도달할 수 없는 얼굴이다. 그럼에도 이 같은 얼굴은 여성의 소셜미디어 공간을 상시적으로 차지하고 있고, 연구에 참여한 10대 여성에게도 가상의 이미지를 현실화할 수 있는 가능성으로 여겨진다. 따라서 여성의 얼굴은 화장이나 보정, 성형 정보와 그 정보의 적용이 필요해지는 얼굴이 된다. 그리고 이러한 정보와 정보의 적용을 통해 확보되는 매력 있는, 아름다운, 인기 있는, 그래서 가치 있는 여성이라는 정체성은 결국 소비를 통해 달성될 수 있으며, 점차 상품화된 성형 기술을 통해 생산되고, 팔리고, 대여 가능한 것이 된다.

정보를 통한 몸 만들기

디지털 테크놀로지의 발전은 일상 문화와 시공간, 공사 구분에 관한 기존의 가치와 인식을 빠르게 바꾸어놓고 있다. 이 같은 변화 가운데에는 미적 감각과 경험 역시 포함되어 있다. 디지털 테크놀로지 시대에 아름다움의 속성은 개인의 일상 전시로 대중성과 공공성을 얻는 것이며,[19] 이는 실시간이라는 새로운 시간성 속에서 지속적으로 온라인 상태를 유지해 최대의 정보를 통해 가장 좋은 선택을 달성할 수 있다는 웹 2.0 테크놀로지의 신화[20] 속에서 구축되고 있다.

또 스마트폰과 소셜미디어의 대중화는 표현하고 확인할 수 있는 방식의 시각적 아름다움을 더 중요한 것으로 만들고 있다. 멀티미디어 기술의 대중화는 누구나 자신의 외모와 라이프스타일을 전시하고 또 뽐낼 수 있게 해줄 뿐 아니라, 이것이 어떤 것을 통해 가능해지는지를 좀 더 자세히 보여준다. 이를 통해 화장이나 패션, 여가 등 기존의 대단히 사적이고 개인적인 소비 생활이 이 괜찮은 삶을 완성해줄 수 있는 것이자 삶의 유용한 정보로 부상하고 있으며, 여성은 이를 가능하게 해줄 각종 소비 상품과 또래의 노력을 보고 익히고 있다. 이때 이미지와 동영상이라는 멀티미디어 정보는 무엇보다 확실하고 구체적인 노력과 달성 방식을 전달해준다.

배우기 제일 좋은 데는 유튜브 영상이에요. 왜냐면 블로그 같은 데는 솔직히 글로 쓰는데 표현하기가 좀 되게 알아듣기도 뭐하고. 한 번도 안 해봤으니까. 그런데 영상으로 하면은 대충 아 이렇게 하는 거구나 하면 되니까. 그리고 영상은, 어떤 블로그는 눈 화장이면 딱 눈만 보여주는 데가 있는데 거기는 다 보여주고. 각도 이렇게 다 해주고 하니까 그냥 그게 더 편한 거 같아요. 뷰티 그런 채널이 있는데 거기 그냥 구독하기 하면 영상 올라올 때마다 맨 앞에 영상 올라왔다 하고 떠요. 그러면 보고 마음에 들면 화장품도 소개하는데, 화장품도 괜찮은 거 같으면. 그리고 댓글이 다 달려요. 아 이거 진짜 괜찮다. 자기 써봤는데 괜찮다 하면 아 진짜 괜찮구나 하고 쓰고. 저도 댓글로 아 이거 진짜 짱 좋아요 이러고 쓰고, '좋아요' 누르고 그래요. 그래서 유튜브 채널 아니면 뭐 그냥 네이트나 아니면은 페이스북이나 인스타 보면 화장하고 찍은 친구들 사진 올라오면 거기 댓글 달아서 어떤 화장품 쓰냐 물어보거나 그래서 친구랑 같이 화장품을 공유하거나. 아님 요즘에 페이스북에 페이지가 되게 많잖아요. 화장의 기술 이렇게 해서. 그런데 자세하게 사진 일일이 찍어서 올려져 있고 화장품 후기도 있어서 거의 그런 걸로 찾아보고 직접 가서 테스트해보고. 그렇게 사는 거 같아요. (사례 Q)

동영상은 귀찮아서 잘 안 보고 이미지만. 텍스트만 있으면 아예 안 봐요. 그런 사람이 화장을 하는 걸 보는 쏠쏠한 재미? 글로만 되어 있으면 무슨 말인지 잘 모르겠고 어떻게 화장했는지 대충 감이 안 잡혀서. 캡처도 하고 만약에 페이스북은 대충 공유도 해놓고 화장법은 주로 블로그를 보는데. 쌍꺼풀이 없으니까 무쌍 화장법 이렇게 하면은 가인처럼 막 스모키 이런 것도 있는데 그런 건 못 하니까 그런 건 참고는 하되 그냥 나한테 맞는 화장. (사례 N)

인터넷 정보는 전에는 쉽게 접근하기 어려웠던 분야의 접근성을 높여준다. 구체적으로 인터넷 정보의 멀티미디어 형식, 대표적으로 이미지와 동영상은 여성이 새로운 것을 배우고 익히는 데 아주 강력한 도구가 된다. 특히 동영상은 여러 장의 이미지보다 더 맥락적이고 풍부한 설명을 제공한다.

사례 Q와 사례 N 역시 무언가를 새롭게 배울 필요가 생길 때, 처음에는 주로 검색을 통한 텍스트나 몇 장의 이미지 정보를 참고했다면, 최근에는 연속되는 과정을 찍어 올린 방대한 이미지나 유튜브 또는 페이스북의 동영상 등을 더 많이 활용한다. 동영상이나 많은 이미지는 텍스트만으로는 표현하기도, 전달하기도 어려운 정보를 훨씬 간단하고 명료하며 직관적으로 파악할 수 있게 해준다는 것이다. 특히 '생얼'은 못생겼는데 '확 예뻐지는' 그 과정, 쌍꺼풀이 없어도 큰 눈으로 보이게 해주는 '무쌍 화장법'은 멀티미디어 정보가 아니고는 그것이 가능하다는 생각조차 할 수 없는 것이다. 그런데 멀티미디어 정보는 그것이 어떤 과정을 거치면 가능해지는지에 대한 설명력을 가지고 있다.

정보는 간접 경험. 동영상이랑 이미지들로 간접 경험하는 거잖아요. 텍스트도 도움이 되긴 하는데 저는 이미지가 더 친해요, 편해요. 텍스트가 불편해요 너무 많으면. 텍스트는 한… 그래도 패션 관련 기사는 길어도 읽는 편인데 사람들이 자기 얘기 쓴 거 같은 건… (사진 없이 A4 한 페이지 분량이면?) 다 안 읽어요. 앞에서 끝만 읽거나 궁금한 거나 그러면 다 읽거나 그래요. 이게 빡빡하게 차 있으면 읽기 싫어요. 띄어쓰기도 잘 되어 있고 여유가 있으면 괜찮은데 빡빡하게 차 있으면 싫어요. (사례 J)

연구 참여자들이 멀티미디어 정보를 선호하는 이유는 그 정보를 보는 것 자체가 '간접 경험'이라고 생각하기 때문이다. 책으로 대표되는 텍스트는 과거 디지털 테크놀로지와 멀티미디어 기술이 발달하기 전에는 간접 경험을 제공하는 주통로였다. 하지만 이미지와 동영상 등 멀티미디어 형태의 인터넷 콘텐츠 속에서 자라온 이들에게 텍스트는 정보를 전달받기에는 너무 많은 시간이 소요되고 집중이라는 노력이 필요한 복잡하고 답답한 도구다. 글/텍스트는 생각 혹은 상상력을 동원해야 하는 것으로, 이때의 상상력은 명확성, 곧장 '따라할 수 있는' 구체성을 결여한 것이기도 하다. 반면 동영상과 이미지는 그것을 보자마자 바로 파악할 수 있을 뿐 아니라, 인과관계를 가시화해준다는 점에서 보다 명확한 정보, 즉 자신이 실행에 옮길 수 있는지 여부를 파악할 수 있는 정보로 이해되는 것이다.

특히 다양하고 상세한 이미지의 구체화된 영향력은 '간접 경험'이라는 표현으로 소셜미디어 정보의 성격을 보여준다. 연구참여자들이 가장 신뢰하는 정보 형식 중 하나인 '리뷰'가 대변하듯이 소셜미디어 정보는 '간접 경험'을 제공하는, 즉 일상에서 활용 가능한 생활 정보로서, 혹은 추후 언젠가 도움이 될 만한 유용한 정보로서 필요한 것이다.

사례 I와 사례 I와 L, N은 몸을 부위별로 분류하고 몸이 특정한 모양으로 변화되는 과정을 보여주는 멀티미디어 정보를 자신의 몸을 바꾸기 위해 적용하고 있다.

성형 정보는 인터넷에 제가 직접 찾아보는데요. 후기, 블로그에 올라오는 거 봐요. 직접적인 정보… 병원 홍보는 못 하는데 글 쓸 때 제재하는 게 있나 봐요. 대놓고 그러면 안 되니까. 나는 어디어디서 했다, 병원 이름 말할 때도 이름 말 안 하고 이렇게… 초성만 해서. 그런 걸로 해서 올려놓고. 사진이랑 같이 글. 눈 만약 하면, 전 원래 성형이 눈에 관심이 있는데, 부기 있을 때랑 부기 빠져서 최근? 이런 과정을 보는. 잘된 사람들 거 보면 빨리 하고 싶어요. 글만 있으면 조심스러워요. 글만 보면 못 믿겠어요. 저 망할까 봐. 알 수 없잖아요. 진짜 잘 됐는지. (이미지가 엄청 중요하네.) 네, 생각하는 게 다르잖아요. 눈매. 자기가 원하는 눈매랑 그 사람이 눈매가 다른데, 그 사람이 예쁘다는데 전 안 예쁠 수도 있잖아요. 구체적인 모양을 봐야 되니까. (사례 I)

사례 I는 비포와 애프터 이미지를 통해 '눈매 교정' 성형을 하겠다는 확신을 얻었다. 아직 병원에 가서 상담을 받아본 적은 없지만 성형 전의 눈 사진에서부터 성형 직전 그리고 점차 수술 부위가 안정을 찾아가는 일련의 과정을 사진을 통해 보여주는 인터넷의 성형수술 후기는 사례 I에게 더 나은 모양의 눈을 가질 수 있다는 확신을 갖게 해준다. 성형수술의 과정을 담은 이미지는 사례 I에게 성형수술의 성공 여부에 대한 '진실'을 의미한다. 그리고 성형수술을 통해 갖고 싶은 눈매의 '구체적'인 상을 확인할 수 있는 것이다. 이를 통해 사례 I는 미래 자신의 눈매 모양 변화를 예정해두고 있다.

사례 L과 사례 N은 반복적인 정보의 모방 실천을 통해 원하는 모양의 몸을 만들고 있다.

저는 막 숀 리 다이어트. 그 네이버에 떠가지고. 그때 해야 했을 때가 있었거든요. 네이버에 운동 이렇게 할 수 있다. 이게 뜬 거예요.

숀 리 다이어트 이런 거. 메인에 막. 뮤직이면 뮤직에 그런 거 있어요. 티비캐스트? 그거 보고 진짜 그대로 따라 했어요. 한 1년 정도 딱 하고. 다이어트하려고 했는데 이런 게 있어서 그냥 이걸 따라 한 거예요. (사례 L)

요즘은 약간 페이스북 페이지에 있는 제목 이름이 '넌 통통한 게 아니라 뚱뚱해' 이런 게 있거든요. 그런 거 있고 아니면 일주일에 몇 킬로 빼기 이런 거 있어서 그런 거 '좋아요' 누르면 숀 리 같은 것도 나오고 이소라 다이어트는 제가 직접 보고 따라 해봤고. 불타는 허벅지 그런 것도 있어서 어떤 아줌마가 에어로빅 하는 것도 올라오고. 그걸 하나씩 해봐요. 다. 이소라랑 숀 리 뭐 하루에 한 번씩 따라 하면 한 달에 몇 킬로 빠진다 이런 것도 있었고, 방금 말한 불타는 허벅지 그런 것도 있고. 여기에서는 말도 없고 노래 틀어놓고 스쿼트(스쾃)만 계속하고 있어요. 그냥 잠깐씩 포즈 바꿔가면서. (틀어놓고 따라하는 건가요?) 네. 진짜 허벅지가 불타요…. (사례 N)

멀티미디어 정보는 사례 L이 설명하듯이 '그대로 따라 할 수 있는' 정보를 제공한다. 사례 L과 N은 적극적으로 멀티미디어 정보를 자신의 몸을 가꾸고 단련하는 데 활용한다. 사례 L은 1년 동안의 다이어트에 성공한 것은 국내 대형 포털 사이트에서 제공하는 동영상 콘텐츠인 '숀 리와 함께하는 홈트레이닝 프로그램' 덕분이다. 포털 사이트의 '건강백과'라는 카테고리 안에 있는 '숀 리와 함께하는 홈트레이닝 프로그램'에는 총 96개의 동영상 콘텐츠가 들어 있는데, 각기 전신, 엉덩이, 허벅지, 복부, 종아리, 팔, 등, 어깨와 허리 다이어트에서부터 아름다운 쇄골 만들기에 이르기까지 몸을 세부적으로 분할해 각 부위에 적합한 트레이닝 방법을 알려준다. '숀 리 다이어트'는 연구에 참여한 10대 여성 대부분이 알고 있는 콘텐츠였는데, 이외에도 사례 N이 말하는 '불타는 허벅지'나 '이소라 다이어트', '에어로빅 다이어트' 등 몸 매 유지와 관리에 관한 동영상 콘텐츠는 당대 또래 여성 사이에서 광범위하게 공유되고 있다.

이들 콘텐츠의 장점은 앞서 말했듯이 그대로 따라 하기가 가능하다는 데 있다. 사례 L과 N은 그 콘텐츠를 틀어놓고 그대로 따라 하는 방식으로 다이어트를 한다. 연구 참여자들이 언급한 '불타는 허벅지'와 같은 콘텐츠는 동영상의 특징을 살려 운동 시간을 줄이지 않고 실제 운동 시간 그대로 촬영해 제공함으로써 이용자는 그 동영상 콘텐츠가 재생되는 동안 함께 운동하는 효과를 얻을 수 있다. 또한 이 같은 콘텐츠는 구독자로 하여금 혼자 운동하는 것이 아닌 것처럼 느끼게 하기 때문에 인기를 얻기도 한다.

소셜미디어 정보는 비포 앤드 애프터와 같은 메시지를 통해 여성으로 하여금 특정한 외모에 대한 참조와 비교를 권유하고 직접 실천에 옮기도록 구체적인 내용을 제공한다. 이때의 정보는 그 적용 결과가 가시적이다. 그래서 명확하고 확실한, 즉각적으로 실행 가능한, 도움이 되는 정보로 받아들여진다.

동영상에서 선보이는 동작이나 특정 이미지를 그대로 따라 하는 과정은 물론 괴롭고 힘든 일이다. 하지만 예컨대 '쇤 리 다이어트'를 하는 것은 단지 다이어트를 하고 있다는 것을 의미하는 것만이 아니다. 이는 지금 또래 사이의 유행에 참여하고 있다는 의미이며, 이러한 정보의 실천 효과를 확인하고 공유할 수 있는 기회이기도 하다. 또한 이러한 정보를 자신의 몸에 적용한 이후, 즉 '애프터' 이미지가 예정되는 것이다. 따라서 10대 여성에게 동영상 정보를 통해 실천하는 특정한 몸을 만들기 위한 노력은 괴롭기만 한 다이어트의 과정이 아니라, 시대에 뒤떨어지지 않는 유용한 정보를 수집, 활용하는 과정이다.

연구 참여자들처럼 매일 소셜미디어에 링크된 동영상을 보며 눈썹을 그리고 '불타는 허벅지' 운동을 하는 등 자율적이고 적극적으로 여성적 외모 만들기에 참여하는 일은 이제 여성에게 가해졌던 규율과 통제를 대체하고 있다. 여성은 자유롭게, 필요에 따라 자신이 선택한 멀티미디어 정보의 반복적 모방을 통해 자기 몸을 규율하고 있다. 즉 디지털 테크놀로지를 통한 '정보'의 소비와 생산은 일상의 영위, 특정한 상황에서의 의사 결정 그리고 특정한 가치 생산과 타인과의 관계뿐 아니라 몸에 이르기까지 매개하고 있다.[21] 디지털 정보라는 가상의 현실이 실재하는 신체에 영향을 미치는 것이다. 몸은 보통 체험이나 경험의 주체였지, 특정한 물리력이나 영향력 등을 일방적으로 적용하는 대상이 아니었다. 하지만 지금 디지털 공간에서 관찰되는 여성의 몸은 '경험'이 아닌 정보의 적용 대상으로 여겨지는 것처럼 보인다.

조형적이고 변형 가능한
아름다움과 기존 여성성의 해체,
재구성의 장

카페 같은 곳에서 자신의 얼굴을 살펴보는 여성은 대부분 거울 대신 카메라를 들고 있다. 화장을 고친 뒤에도 카메라 렌즈를 통해 자신의 상태를 확인한다. 프로필 사진을 고르느라 셀피를 100장 넘게 찍는 것도 비슷한 맥락이다. 이미지와의 거리가 좁혀지면서 여성은 물리적 현실의 자기 모습만큼이나 소셜미디어에 업로드하는 이미지 속의 얼굴을 신경 쓴다. 여성 사이에서 소셜미디어 공간은 단순히 가상적인 곳, 현실 속 관계나 일상을 반영하거나 재현하는 곳이라기보다 현실을 규정하는 곳이다. 그래서 오히려 현실의 물질적 몸과 디지털 이미지의 중요성이 전도되기도 한다. 그 때문에 더 나은 디지털 이미지를 만들기 위해 얼굴을 변형하려는 노력을 하기도 한다. 아름다움은 맨눈보다 카메라 렌즈를 통과한 뒤 모니터 화면에 어떻게 재현되는지를 통해 확인된다. 디지털 테크놀로지가 만들어낸 가상성은 새로운 인지 공간을 창출했고, 아름다움에 대한 인지 역시 마찬가지다.

예컨대 뷰티 크리에이터의 셀피 속 얼굴을 보면 결코 현실의 물리적 얼굴과 동일하지 않으며, 추후 디지털 보정을 고려해 얼굴선을 더 강조하는 방식의 화장을 한, 분명히 디지털화를 염두에 둔 얼굴이다. 그리고 이 얼굴이 디지털 보정과 특정한 방식의 화장을 통해 만들어진 것임을 모두가 알고 있으며, 뷰티 크리에이터 역시 그러한 사실을 숨기지 않는다. 그리고 그러한 얼굴을 만든 구체적 과정과 상품을 모두에게 공유한다. 즉 아름다움은 디지털 테크놀로지와 상품의 조합에서 만들어질 수 있는 것으로 여겨진다.

이러한 상황을 반영하듯, 최근 가장 급격하게 구독자 수가 늘어난 뷰티 크리에이터 이사배의 경우 디지털 이미지화를 염두에 둔 화장법이 가장 많이 본 영상으로 랭크되어 있다. 관련 콘텐츠 내용은 다음과 같다. '레전드 증명사진 메이크업(2017년 6월 21일, 조회수 189만 5969)', '인스타 셀카 데일리 메이크업(2016년 10월 7일, 조회수 123만 4186)', '사진발 잘 나오는 메이크업(2016년 12월 25일, 조회수 110만 2073)', '사진 화면발 잘 받는 방송 메이크업(2018년 11월 28일, 조회수 84만 1686)', '필카 느낌 셀카 잘 나오는 메이크업(2019년 1월 4일, 조회수 25만 3730)'이다. '성형 메이크업'이라고 이름 붙인 콘텐츠도 조회수가 높은 콘텐츠 가운데 하나다.

그림 20. 인생 프로필 사진 메이크업 (+ 사진 촬영 tip)
출처: https://www.youtube.com/watch?v=Fv-0_ad7cYw&t=8s, 검색일: 2020년 8월 1일

뷰티 크리에이터라는 1인 미디어에 평범한 많은 사람이 참여함으로써 보통 여성의 얼굴과 다양한 아름다움을 가시화하게 됐지만,[22] 동시에 확대하고 분절하는 카메라의 눈은 기존에 응시의 대상이 아니었던 데까지 더욱 세밀한 아름다움의 기준을 적용한다. 한없이 클로즈업과 분절화가 가능한 디지털카메라를 모두가 소유한 지금, 아름다움은 구석구석에서 달성되어야 하는 것이 되고 있다.

여성이 참고하는 뷰티 정보는 대부분 '비포'에서 '애프터'로 전환되는 과정을 보여주는 형식을 취하는데, 이 과정에서 예컨대 화장법의 경우 눈썹을 칠하고 아이라인을 그리고 아이섀도를 바르는 세밀한 과정은 각각의 이미지로 남겨져 전달된다. 동영상은 정보를 제공하는 사람의 설명이 청각적으로 지원되며 비포에서 애프터로의 전환 과정이 분절되지 않고 통째로 전달된다. 따라서 화장하지 않은 상태의 얼굴에서 완벽하게 메이크업을 마치기까지의 과정을 모두 보게 된다.

특히 한국과 중국의 많은 뷰티 크리에이터는 비포와 애프터의 격차를 과장해서 보여줌으로써 인기를 얻고 있다. 이들은 콘텐츠의 첫 장면에서는 늘 맨얼굴에 안경을 쓴, 어찌 보면 평범함 이하의 외모를 가진 여성으로 스스로를 나타낸다. 이윽고 안경을 벗고 렌즈를 끼고 화장을 시작하면서부터 점차 첫 화면에 등장했던 여성의 외모와 놀라울 정도로 다른 외모를 만들어낸다. 그리고 이 과정은 단계별로 자세하게 보이고 또 설명된다. 심지어 '성형 메이크업'이라는 이름이 붙은 뷰티 콘텐츠가 등장하기까지 했다. 대표적으로 홀리의 '역대급 반전 성형 메이크업 같이 준비해요(2016년 11월 17일, 227만 2568)'라는 콘텐츠는 매우 높은 조회수를 기록하고 있다. 이외에도 '새내기에게 전수하는 성형 메이크업(2017년 2월 24일, 44만 121)', '센 언니 성형 메이크업 (2017년 12월 25일, 42만 3317)', '완벽하게 풀 부위별 성형 메이크업 (윤곽+듀얼 트임+립 필러 효과)(2018년 4월 22일, 23만 309)' 등의 뷰티 콘텐츠가 업로드되어 있다.

비포에서 애프터로의 변화와 그 결과를 모니터를 통해 확인하는 것이 중요해지면서 메이크업 시장에서도 비포와 애프터 사이의 변화를 극대화하는 데 효과적인 상품이 두각을 나타내곤 한다. 뷰티 콘텐츠 중에서 뷰티 유튜버가 좋은 제품이라고 언급하거나 구독자 반응이 좋은 콘텐츠에 소개된 화장품은 주로 음영을 통해 얼굴의 입체감을 표현하는 색조 제품이다. 즉 화장을 통한 비포와 애프터의 차이가 두드러지게 나타나 원래의 얼굴, 곧 '생얼(민낯)'과 확연한 차이를 만들어내는 화장 및 화장품이 선호된다.[23]

동시대 소비문화의 주요 주제 중 하나는 바로 전환이다. 특정한 상품을 소비한다면 누구나 '애프터'로 전환이 가능하다고 독려하는 것이 바로 최근 소비문화의 핵심이다. '비포 앤드 애프터'의 이미지 중 '애프터'의 이미지는 시간과 돈, 노력의 가치가 그 증거로 제시된다. 이때 전환된 애프터의 몸은 더 긍정적이고 감각 있는 라이프스타일과 더 나은 삶의 질을 보장해주는 요소로 재현된다.[24]

> 자기는 비포에 대해 당당하다, 자긴 숨기고 싶지 않다. 이렇게 당당하니까 막 사람들이 좀 그거에 대한(메이크업 전과 후의 차이가 매우 큰 것) 거부감도 낮아지고, 아 생얼도 그렇게 되는구나 이게 되면서 좀. (사례 나)

'비포'에서 '애프터'로 이행하는 과정에서 아름다움은 일종의 실현 대상에 위치한다. 아름다움은 본래적인 것뿐만 아니라 만들어질 수 있는 것, 즉 조형적인 것임을 명징하게 드러낸다. 아름다움은 타고나는 것일 뿐만 아니라 각종 상품과 기술 등을 통해 만들어낼 수 있는 것이 된다. 따라서 아름다움은 누구에게나 평등한 것이다. 다만 이 평등하게 주어진 아름다움의 재료와 도구를 어느 정도로 활용해 아름다움을 실현하느냐 하는 것은 개인의 능력에 따른 것이다.

연구 참여자들이 뷰티 콘텐츠를 즐겨 보고 뷰티 유튜버를 좋아하는 것은 그러한 개인 능력에 대한 존경과 감탄에 기인한다. 적절한 화장품 사용, 숙련된 색감 활용, 풍부한 표현력 등이 여성 구독자인 연구 참여자들에게는 존경이자 감탄의 이유가 된다. 하지만 이 아름다움의 실현 능력은 종종 온라인 공간에서 남성에게는 조롱거리가 된다. 아름다움이 곧 여성성으로 이해되는 사회에서 성형이나 화장 등 인공적으로 그러한 아름다움을 구현하는 것은 가짜, 사기 등으로 이해, 표현된다. 뷰티 유튜버 가운데 홀리는 '반반 파워 메이크업'이라는, 본래 자신의 얼굴과 매우 다른 화장을 선보임으로써 여성 구독자와 남성 유튜브 이용자로부터 각기 다른 평가를 받았다. 다음은 홀리의 '반반 파워 메이크업'의 댓글이다.

> 근데 진짜 화장해본 사람은 알 텐데 저렇게 화장하는 거 엄청 어려움. 아무나 할 수 있는 거 아니다 진짜. (엉***, 2018년 3월, '좋아요' 2.5k)

> 홀리 님 같은 여자 만날까 봐 무섭다니 니네 만나주지도 않아ㅋㅋㅋㅋㅋ;; 누가 만나준다냐. 그리고 한남들아 니넨 제발 꾸미고 다녀라, 최소한의 예의라는 게 있잖?? (꼬***, 2018년 9월, '좋아요' 1.5k, 지

지 댓글 35)

나는 이런 뷰티 유튜버가 진짜라고 생각한다. 이미 된 얼굴에 띡띡 색만 얹어서 인기 받는 유튜버들 대다수인데 정말정말 예술이다. 정말 전문성이란 게 뚜렷하고 진짜 너무 좋다. (서***, 2018년 1월)

항상 말하지만 너네한테 잘 보이려고 화장하는 거 아니니까 제발 평가 좀 그만해. (우***, 2018년 3월)

레나가 나오기 시작하면서 비포가 이런데 애프터가 이래? 이런 거에 여자들은 집중을 했고 뷰티에 관심 없고 그런 사람들은 그거 보고 들어와서 진짜 여자들 화장은 이래서 믿으면 안 된다, 그런 식으로 화제가 됐던 거예요. 그때 뷰티 팬들이 레나랑 같이 싸우면서 (악플 단 남자들한테) 너네도 좀 꾸미고 다니라고. 지금 애프터가 중요하지, 너네한테 이게 폐 끼치냐, 이거 보는 사람들은 만족한다는데 너네가 왜 비포에 대해 그렇게 하냐. (사례 가)

홀리의 콘텐츠 '반반 파워 메이크업'에 달린 댓글과 사례 가의 이야기는 화장을 이성애적 구도로부터 여성 커뮤니티에서 배타적으로 향유하는 예술, 전문성, 기술 혹은 충족감을 선사하는 콘텐츠와 같은 층위로 옮겨온다. 개인 공간이면서 동시에 여성 커뮤니티의 형식을 띤 뷰티 콘텐츠라는 미디어 환경 속에서 화장 혹은 아름다움의 추구는 기존의 이성애적 여성성의 수행이라는 의미를 넘어선다.

아름다움은 바로 이러한 장 안에서 형성되는 것이고, 이 네트워크상에서 여성 간의 승인 문제가 되면서 적어도 뷰티 콘텐츠 문화에서 여성의 외모는 남성의 시선이 아니라 여성의 시선에서 이야기할 수 있는 주제가 되기도 한다. 물론 뷰티 콘텐츠와 그 향유 문화는 소비자본화, 성별화된 문화이자 또한 구조적, 상징적으로 아름다움에 대한 성별화된 욕망을 생산한다는 점에서 한계는 분명하다.

그럼에도 의미 있는 것은 여성의 얼굴은 이제 비포에서 애프터 사이의 무수한 과정 모두를 포함하는 것이 됐다는 점이다. 아름다움은 여성적 특질이기보다 만들어질 수 있는 것이 된다. 아름다움과 한 쌍을 이루는 여성 젠더는 다양한 기술과 상품을 통해 재현되는 것이다.

뷰티 콘텐츠 팬덤과 크리에이터의 일

아름다움의 '민주화'와 전문화

아름다움 범주의 확장, 소비적 일상의 확대

3

뷰티 콘텐츠와
팬덤 그리고 아름다움
시장

뷰티 콘텐츠 팬덤과
크리에이터의
일

한국에서 '뷰티'라는 단어는 더 이상 아름다움을 의미하는 영단어의 발음을 한글로 옮긴 것이 아니다. '뷰티'는 '미', '아름다움' 혹은 '미인' 정도로 번역되지만, 현대 소비자본주의 문화에서는 외모를 아름답게 가꾸는 일련의 상품과 서비스를 포괄하는 범주로 사용된다. 뷰티 콘텐츠는 대표적인 디지털미디어 콘텐츠의 한 범주로 자리매김한 지 오래고, 다양한 상품의 전시장이자 상품 활용법의 제공처이기도 하다.

뷰티 크리에이터는 디지털미디어 공간에서 아름다움의 영역이 무엇인지 알려준다. 그것은 주로 화장과 화장법, 헤어스타일, 네일아트, 패션 등의 소비 상품뿐 아니라 표정과 그 표정을 '잘' 포착하는 셀피 기술 등 몸을 재현하는 방식 그리고 그러한 사진과 어울리는 적절한 코멘트, 나아가 소비적인 일상 전부에 걸쳐 있다. 이는 소셜미디어와 개인화된 디지털 장치로부터 만들어진 자기 전시 문화에서 좀 더 아름다운 자신을 재현하기 위해 각종 상품과 외모 관리 기술이 중요한 역할을 차지하게 됐기 때문이다.

이 같은 소셜미디어 문화는 뷰티 크리에이터의 팬덤 형성과도 관계가 깊다. '포니'나 '이사배', '씬님' 등과 같은 뷰티 유튜버를 비롯해 뷰티 콘텐츠 구독자 각자의 선호에 따라 다양한 뷰티 콘텐츠 팬덤이 형성되어 있다. 팬덤의 내용은 채널 구독이나 영상 댓글 달기는 물론 뷰티 콘텐츠를 통한 메이크업 따라 하기, 관련 상품 정보 수집하기, 비슷한 포즈로 셀피 찍기, 사진 보정 앱 따라 사용하기 등 단순히 콘텐츠를 보는 것 이상으로 이루어진다.

가장 대표적인 팬덤 실천은 뷰티 콘텐츠에 소개되는 상품을 구매하거나 크리에이터가 기획한 상품 구매다.

이 사람들 물품을 만들어 팔잖아요. 그러면 대란이에요. 10초면 마감이에요. 티케팅하는 것처럼. 그래서 저번에 한번 서버 터지고 다시 한 적도 있고. 정말 섀도 내거나 그 브러시 세트 같은 거 내면 그래도 못해도 몇만 원 대잖아요. 정말 순삭. 확 마감되고 터지고 서버. 이러면은 그거 구하려고 기다렸다가 사고. (사례 가)

뷰티 콘텐츠는 그 특성상 사용하는 화장품이 알려질 수밖에 없다. 그 때문에 뷰티 콘텐츠 팬덤이 성장할수록, 또 충실한 팬덤이 형성될수록 뷰티산업에서 크리에이터의 영향력은 강해질 수밖에 없다. 콘텐츠와 크리에이터 팬덤을 기반으로 한 소셜미디어의 마케팅 시장이 급성장함에 따라 콘텐츠 크리에이터는 끊임없는 상품 정보와 후기의 공유 그리고 일상 전시를 통해 평판과 주목을 생산하고 각종 상품 협찬과 광고 등을 통해 점차 관련 산업과 밀착되고 있다.

광고 수익에 의존하는 크리에이터의 일은 1인 기업가적이고 소비와 문화적 감각의 구현을 중심으로 구성된다. 따라서 보다 매력적이고 창의적인, 사람들의 이목을 집중시킬 수 있는 내용을 생산하는 동시에 상품을 소비하고 또 향유하는 모습 또한 적극적으로 보여줄 필요가 있다. 콘텐츠를 기획하고 영상을 편집하는 팀이 있다고 하더라도 구독자를 끌어들이는 데 가장 중요한 것은 콘텐츠의 얼굴인 크리에이터 개인의 매력, 즉 노동력이다. 이는 크리에이터의 창의성, 독특성, 참신함 등으로 대표된다.

소셜미디어는 모든 이용자에게 '생산자'라는 지위를 부여하고 이 공간을 특정한 분야에 대한 전문성과 열정, 창의성을 가지고 있는 한 그 누구라도 성공할 수 있는 새로운 기회의 장소로 제공한다. 이 새로운 기회는 산업사회에서와 같은 명확한 고용-비고용, 생산-비생산, 전문성-비전문성과 같은 경계를 넘어 자율적이고 열정적인 참여를 전제로 한다. 따라서 성공과 실패 모두 오롯이 크리에이터 개인이 감당해야 하는 몫이 된다.

참여의 이데올로기는 주로 소셜미디어 문화와 디지털 자본주의를 관통하는 일반적인 관점으로 여겨진다. 디지털 자본주의가 남녀노소 모두의 참여력을 경제적 가치로 환원하려고 한다는 점에서 여성의 참여는 소셜미디어 문화와 디지털 경제의 일반적 관점으로도 설명이 가능하다. 하지만 여성의 소셜미디어 참여는 동시대 한국의 디지털미디어 문화에 보이는 '여성' 범주의 경계 구성 및 여성성의 실천과 깊게 연루되어 있다. 여성의 소셜미디어 참여가 주로 남성과 구분되는 방식, 지속적으로 얼굴과 몸을 전시하고 패션 뷰티 상품의 공유와 확인을 중심으로 이루어진다는 사실은 여성 뷰티 크리에이터의 성별적 특수성을 보여준다. 이 젠더화된 역할로서의 뷰티 크리에이터의 일은 스스로의 의지에 의해 추동되는 것으로, 이때 특정한 젠더 역할은 자연화되는 경향이 높다.

즉 뷰티 크리에이터를 성공으로 이끄는 능력과 이를 위한 열정의 내용은 성별화되어 있다. 이들의 일은 다분히 여성의 신체적 매력에 집중된 '여성성'에 기대어 있다. 콘텐츠 시장의 크리에이터와 그들이 생산하는 콘텐츠 내용을 살펴보면, 성별화된 구도가 여전히 공고하다는 사실을 알 수 있다. 대부분의 여성 크리에이터가 만드는 콘텐츠는 주로 남성 크리에이터가 활약하는 게

임, 먹방, 기상천외한 실험이나 도전 등의 영역에서와는 다른 매력과 능력, 창의성을 보여줘야 한다.

뷰티 크리에이터에게 자신의 평판을 유지하고 또 효과적인 광고 매개체가 되게 하는 데 가장 중요한 요소는, 그 세부 기준은 다를지라도 적어도 소셜미디어 문화와 수용자 사이에서 통용되는 아름다움이다. 무언가를 먹고 누군가를 만나는 일상을 내내 이미지로 남기고 몸매를 관리하는 것은 모두 '아름답고 매력적인 모습'을 보여주기 위한 것으로 수렴된다. 즉 뷰티 크리에이터의 일상에는 언제나 '일'이 전제되어 있다. 이들은 단지 수용자가 원하는 정보나 제품명 등을 알려주는 것이 아니라, 노동력이자 상품인 여성으로서의 자신의 일상과 감각을 판매한다. 이 부단한 업데이트와 지속적 친구 관리를 통해 '네임드' 이용자로서의 인플루언서가 된 여성은 화장법이나 패션, 인테리어 등의 매력적인 여성 라이프스타일의 안내자로 자처하며, 이를 성취할 수 있는 시장을 매개한다.

보기에는 단순하고 간단한 것처럼 여겨지지만 뷰티 크리에이터는 실제 육체적으로 매우 고된 노동을 수행한다. 뷰티 크리에이터 씬님은 텔레비전 프로그램에 출연해 크리에이터로서의 노동을 보여주었다. 10분 남짓한 콘텐츠를 만들기 위해 씬 님이 하는 노동은 화장품을 쇼핑하고, 사용해보고, 상품을 평가한 후 영상 편집과 더빙 등을 위해 조력자와 협업하는 것으로 이루어진다.

화장품 리뷰를 위한 쇼핑은 그 자체로 엄청난 노동이다. 몇 시간이고 매장에 서서 거의 대부분의 새로 나온 화장품을 살펴보고 비교한 뒤 선별해 구매한다. 어마어마한 양의 화장품은 그대로 리뷰의 대상이 된다. 수십 번 자신의 얼굴에 화장을 하고 지우고를 반복한다. 이 과정에서 화장품 사용감에 관한 풍부한 분석도 필수적으로 기록해야 한다. 이후 영상을 편집하는 일은 훨씬 더 고된 일이다. 유명 크리에이터가 되면 조력자의 도움으로 영상 편집을 하기도 하지만, 보통은 크리에이터의 일이다. 이후 댓글을 모니터링하고 다음 회 콘텐츠에 반영하는 것도 중요한 일 중 하나다. 이렇듯 여성 크리에이터는 실용적 정보를 제공하기 위해 실제로 전문 지식을 활용하고 고된 노동의 과정을 거치지만, 이들의 노동에서 중요한 요소로 두드러지는 것은 아름다운 외모로 국한되는 경향이 크다.[1]

또한 뷰티 크리에이터의 일은 단순히 콘텐츠 생산에만 국한되지 않는다. 현재의 그리고 잠재적 구독자와의 끊임없는 소통 역시 중요한 일 중 하나다. 뷰티 콘텐츠라는 형식 자체가 이미 콘텐츠 수용자에게 말을 걸고, 그들의 욕구를 충분히 충족해주는 것을 바탕으로 한다. 이때 아름다움을 다루는, 아름다움을 실현해 보여줄 것이 요구되는 뷰티 크리에이터에게 일의 내용 대부분은 소통 과정의 모습을 포함해 아름다움 상태를 유지하는 것이다.

앨리 러셀 혹실드(Arlie Russell Hochschild)가 여성 감정 노동자의 '감정 관리'를 통해 설명했듯, 일터에서 요구되는 감정 관리 문제에서 감정은 단순히 주어지고 그 감정의 가이드라인을 따르면 되는 것이 아니다. 기본적으로 감정은 상호작용 속에서 발생하고 또 그 관계의 맥락에 따라 관리의 필요가 생긴다. 여성 크리에이터는 열망과 즐거움이 전제되는 적극적인 참여 문맥에 더해 '여성'이라는 성별 범주가 우리 사회에서 집단적으로 요구받는 문화적 기대, 주로 이성애적 여성성의 재현과 전시에 대한 기대가 더해진 장 속에 있게 된다.

뷰티 크리에이터의 노동은 스스로를 타자화하는 감정 관리의 좀 더 진화한 버전을 보여준다. 지금 크리에이터에게는 기꺼이 온 마음을 다해 자기 스스로를 전시하고 보다 특별하고 독특한 상품 소비를 통해 열망을 드러낼 것이 요구된다. 더 많은 커뮤니케이션을 통해 성공적인 디지털 노동자가 될 수 있는 소셜미디어 장에서 여성은 도전적이거나 전복적인 시도보다 더 많은 주목과 커뮤니케이션을 발생시킬 수 있는 방식으로 기존의 이성애적 여성성을 크게 벗어나지 않는, 혹은 더 세련되고 매력적인 자신을 재현할 필요가 있는 것이다.

아름다움의
'민주화'와
전문화

대부분의 정보를 인터넷을 통해 접근할 수 있는 오늘날, '아름다움'을 실현하거나 향유하기 위한 다양한 고급 정보에 대한 접근성 역시 현저히 낮아졌다. 예컨대 인터넷의 수많은 '뷰티' 페이지와 스마트폰을 통해 언제, 어디서나 이러한 정보에 쉽게 접근할 수 있게 된 여성은 이전보다 훨씬 빠르게 화장하는 얼굴을 가질 수 있게 된다. 화장에 별로 관심 없는 여성에게도 화장은 '이전에는 몰랐기 때문에 아무 관심이 없는 것이었지만, 이제는 어떤 화장품을 어디에서 사고, 어떻게 사용하는지를 알려주는 곳이 (인터넷에) 많아지면서 쉽게 시작할 수 있게(사례 F)' 된다.

소셜미디어가 만들어내는 수평적 네트워크 체계와 이를 가로지르는 방대한 정보는 소셜 네트워크에서 공유, 유통되는 아름다움에 대한 영향력을 기존의 일방향적 대중매체와 연예인에서 일반 여성(마이크로 셀럽)으로 이동시켰다.[2] 대표적으로 뷰티 크리에이터와 뷰티 콘텐츠는 '연예인 외모'나 '고급 미용실에서 가능한 화장법'에 관한 대단히 구체적인 정보를 제공하면서 높은 인기를 구가하게 됐다. 뷰티 유튜버 포니는 한국에서 뷰티 콘텐츠가 본격적으로 인기가 높아지기 전 이미 '메이크업 강좌'를 꾸준히 업로드하면서 파워 블로거로 이름을 알리기 시작했다. 당시포니의 메이크업 강좌는 '올해에는 복숭아색 아이섀도가 유행한다' 정도의 수준이 아니라, 특정한 방식의 얼굴을 만들기 위해서는 어떤 화장품을 선택해 어떻게 사용해야 하는지에 대한 세밀한 정보를 제공하는 방식이었다. 특히 유튜브에 뷰티 콘텐츠를 업로드하면서부터는 구독자와의 질의응답과 의견 제안 등을 통한 본격적인 정보 교환이 시작됐다.

포니가 엄청 크게 히트를 친 게 저희 고2 땐가? 그때 엄청 크게 히트를 쳤어요. 그래가지고 연예인들이랑 하니까 처음에 저희는 연예인들만 좋아하다가, 그때까지만 해도 저희가 그런 걸 잘 몰랐어요. 막 연예인들의 스타일리스트나 연예인들의 메이크업하는 사람들 이런 사람들 잘 모르니까. 그냥 연예인만 좋아하다가 아 이 연예인 화장을 누군가 해주는구나, 이게 시작되고, 어 근데 이 사람이 청담동 숍 이런 데만 가서 하는 줄 알았는데, 포니가 나오기 시작하면서 저희도 그걸 볼 수가 있게 됐잖아요. 그러니까 확 장벽이 낮아진 거예요. 막 청담동 가서만 정말 그런 연예인 메이크업을 받을 수 있을 줄 알았는데 이 사람들이 유튜브로 하니까. 그래서 그전까지는 진짜 언니 있는 애들이 가르쳐주는 그 정도로만 하다가 애들이 점점 그걸 보고 정말 그렇게 화려한 메이크업까지는 못하지만 뭐 기본 제품 같은 거 바꾼다든지 아니면 아이라이너 같은 경우는 그렇게 큰 그게 없고 다 그만그만하게 그러니까 아이라이너 뭐 한다든지 섀도 색깔을 바꿔본다든지. (사례 가)

2020년 현재 여전히 한국에서 아주 유명한 뷰티 콘텐츠 채널 중 하나인 '포니 신드롬'과 '이사배 메이크업' 채널에서 조회수가 높은 영상을 살펴보면, 구독자가 선호하는 콘텐츠 종류를 파악할 수 있다. 이는 다시 말하면 '화장하기' 혹은 '아름다워지기'가 어떤 측면에서 유용하거나 재미있는 정보, 콘텐츠로 자리매김할 수 있었는지 알 수 있다는 뜻이다. 뷰티 크리에이터는 유명인과 당대 유튜브 콘텐츠 전반의 유행에 따라 브이로그나 하울(물건을 구매한 후 그것을 구독자에게 소개하는 것) 등을 포함하는 다양한 내용을 다루지만, 기본적으로는 '화장하는 방법과 팁' 그리고 '화장품 추천과 후기'를 가장 중요하게 여긴다. 화장하는 방법을 보여주고 그 방법을 가르쳐주는 것을 기본 뼈대로 하여 유행 중인 유명 연예인의 특정 메이크업 따라 하기나 '무쌍', '둥근 얼굴' 등 각자

Taylor swift transformation make up (With subs) 테일러 ...
22M views · 4 years ago

Glowy Coral Makeup (With sub) 촉촉 코랄 메이크업
17M views · 2 years ago

Natural Make up (With subs) 내추럴 메이크업
10M views · 3 years ago

Instagram Makeup - Snowflake Makeup (With ...
9.1M views · 3 years ago

Calm Beige Makeup (With sub) 차분한 베이지 메이크업
8.2M views · 2 years ago

Kylie Jenner Transformation Make-up (With subs) 카일리 ...
7.2M views · 3 years ago

Clear Rose Color Make up (With subs) 맑은 레드 메이크업
7.2M views · 4 years ago

Instagram Live broadcast Make up (With subs) 인스타그...
7M views · 2 years ago

Apricot Make Up🍑 (With subs) 살구 메이크업
6.6M views · 2 years ago

Soft Feminine Make up (With subs) 페미닌 음영 메이크업
6.6M views · 4 years ago
CC

A Complete Beginner's Guide to Makeup | 이사배(Risabae...
5.1M views · 3 years ago
CC

SUNMI - Gashina Cover Makeup Tutorial | 이사배...
4.9M views · 2 years ago
CC

Flawless Base Makeup in Just 10 Minutes! | 이사배...
4.3M views · 2 years ago
CC

[Eng] 매일 10분! 완벽 아이섀도우 따라하기! -백투베이직- | 이사배...
3M views · 2 years ago

Everyday Long-Lasting Base Makeup - Normal Skin Type ...
3M views · 2 years ago
CC

[Eng CC] Maleficent 2 Makeup Transformation 말...
2.8M views · 6 months ago
CC

[ENG] IU Palette MV Makeup Tutorial | 이사배(Risabae...
2.7M views · 3 years ago

Super Basic, 5-Minute Daily Makeup | 이사배(Risabae...
2.5M views · 3 years ago
CC

Makeup For Your Photo ID | 이사배(Risabae Makeup)
2.4M views · 2 years ago
CC

[Eng] 마마무 화사 커버 메이크업 MAMAMOO HWASA...
2.2M views · 1 year ago

[Eng] 백투베이직-섀도우편! 쉽고 완벽한 아이섀도우 방법! | 이사...
2M views · 2 years ago

올드스쿨~! 매일 할 수 있는 간단 내추럴 메이크업(노파데베이스) ...
1.9M views · 1 year ago

[ENG/CHI/VIET] 호텔 멜무니 장 만월 아이유 커버메이크업 🌕 ...
1.9M views · 9 months ago

Shameless Makeup Challenge Returns! Diminis...
1.9M views · 3 years ago

Never-fail Daily Makeup (with Real Techniques) | 이사배...
1.9M views · 3 years ago

그림 21. Pony Syndrome 채널의 가장 인기 있는 상위 랭크 영상 섬네일 캡처
(2020년 5월 31일 현재)
그림 22. Risabae Makeup 채널의 가장 인기 있는 상위 랭크 영상 섬네일 캡처
(2020년 5월 31일 현재)

의 얼굴 생김새에 잘 어울리는 메이크업 방법, 계절이나 휴가, 명절, 입학, 졸업 등 특정 행사 날에 어울리는 메이크업 팁 등의 다양한 소주제를 다루는 방식이 주를 이룬다.

수많은 뷰티 콘텐츠 가운데 '아름다움'에 관한 고급 정보의 대중화라는 측면에서 특히 주목할 만한 것은 유명 연예인의 '커버 메이크업' 콘텐츠다. 주로 한국에서 매력적이고 스타일리시하다고 여겨지는 여성 연예인이 커버 메이크업 콘텐츠의 대상이 된다. 당대에 화제성이 높고 많은 여성이 선망하는 여성 연예인이 선정되는데, 많은 뷰티 콘텐츠 중에서도 커버 메이크업은 조회수가 높은 편에 속한다. 포니의 경우 미국의 팝 가수인 테일러 스위프트와 카일리 제너라는 할리우드 배우의 메이크업을, 이사배는 가수 선미와 화사, 아이유의 메이크업을 그대로 재현하는 콘텐츠가 인기도 상위에 랭크되어 있다.

여성 연예인은 아름다움의 대명사이며 많은 사람이 선호하는 외모의 소유자로 인식된다. 그러나 이들의 아름다운 외모는 단순히 타고난 것일 뿐 아니라 결점은 덮어주고 장점은 극대화하는 고도의 메이크업 기술과 상시적인 피부 등의 관리 그리고 비싼 고급 화장품의 도움 덕분이라고도 여겨진다. 고도의 메이크업 기술과 고급 화장품은 연예인이나 어느 정도 소비수준을 유지할 수 있는 소수를 제외하고는 접하기 어려운 분야다. 즉 연예인의 아름다움이 더욱 특별한 것으로 여겨지는 이유는 단지 타고난 외모뿐 아니라, 보통 사람은 접근하기 어려운 다양한 기술과 서비스를 향유한다는 데 있다. 그렇기 때문에 사례 가가 이야기하듯이, 연예인을 더 예쁘게 해주는 메이크업 전문가인 포니의 채널은 일반인에겐 접근 자체가 가능하지 않은 것으로 여겨졌던, 메이크업의 고급 정보 제공 측면에서 큰 인기를 얻게 된 것이다.

한마디로 뷰티 콘텐츠는 소수가 독점해온, 혹은 진입 장벽이 꽤 높은 전문 메이크업 세계의 문을 일반 대중에게로 열어준 셈이다. 적어도 태생적 아름다움과는 별개로 아름다움의 기술은 더 이상 연예인 등 특별한 소수 여성만의 것이 아니게 됐다. 물론 이 같은 흐름은 앞서 언급했듯, 소셜미디어라는 1인 미디어를 통해 일반 여성의 아름다운 이미지를 쉽게 볼 수 있도록 미디어 환경이 변화했기 때문이다. 아름다운 여성 이미지의 폭발적 증가와 더불어 만들어지는 아름다움을 실현하는 데 도움이 되는 뷰티 콘텐츠 등의 다양한 정보는 기술적 메이크업과 적당한 운동 등을 통해 아름다운 외모를 만들고 유지할 수 있다는 가능성을 대중화시켰다.

이때 아름다움은 그와 같은 외모를 가능케 해줄 정보에 접근할 수 있느냐에 따라 '달성될 수 있는 것'이 된다. 따라서 아름다움에 관한 정보가 중요해지기 시작한다.

그전에는 비싼 숍이나 이런 데 가서만 그런 좀 중요한 메이크업 아티스트를 만날 수 있었는데, 이런 사람이 유튜브에 올리기 시작하니까 아 나도 충분히 내가 가진 제품, 7만 원짜리 아니어도 1만 원짜리 가지고도…. (연출 가능하다?) 네, 똑같이 할 수 있고. 연예인들 메이크업해주는 사람들이 거기 와가지고 똑같이 이 메이크업 이렇게 한 거다 알려주고 하니까. (사례 가)

(이사배 영상 중 제일 조회수 높은 건) 다 비슷하긴 한데 옛날에 방송 타기 전에는 데일리 메이크업 이런 게. 아니면 여름철 화장법 이런 거. 땀 많이 나고 할 때. (사례 라)

뷰티 콘텐츠는 고급 정보인 동시에 '데일리' 적용할 수 있는 일상 정보이기도 하다. 소셜미디어의 대중화 이후 뷰티 콘텐츠를 통한 접근성과 실현 가능성의 증가는 멀리 있던 아름다운 외모와 트렌디한 외모 가꾸기를 한층 일상적인 것으로 가지고 왔다. 여성의 소셜미디어 정보 생활에서 특히 새로운 정보의 범주로 부상한 것은 패션 뷰티 영역이다. 소셜미디어에서 패션 뷰티 영역은 새로 출시된 각종 화장품과 패션 정보를 비롯해 상황에 맞춰 연출할 수 있는 화장법과 헤어스타일, 입학이나 개강, 수학여행, 첫 데이트 때의 코디 등 거의 매일의 삶에 필요한 정보로 다루어진다.

화장품 같은 거는 주로 신제품을 출시했다 이러면은 이게 어떤 화장품이고 어떻게 쓰는 건지 찾아보기도 하고 배우기 위한 것도 있고 요즘 유행이 뭔지 알고, 모르면 애들하고 말할 때 약간 소통이 안되는 그런 것도 있으니까. (사례 N)

(화장은) 그냥 다 하는 편이에요. 오늘은 약간 연한 거거든요. 그냥 다 해요. 어른들 다 하듯이. 셰이딩이랑… 볼터치, 아이라인, 마스카라… 화장법 같은 건 인터넷으로 찾아볼 때 있죠. 좀 어렸을 땐요 그냥 블로그. 요즘에는 유튜브에 뷰티 채널들 되게 많아졌잖아요. 그런 거 보고 막 따라 하고. 어떻게 하는지를 알게 돼요. (사례 L)

요즘에는 초등학교 5, 6학년 때부터. 요즘 애들 완전 무섭죠. 엄청 하잖아요. 유튜브 이런 데 치면 나와요. 화장하는 법 이런 거. 초등학생 화장. 틴트 바르는 법, 이런 거. (사례 F)

소셜미디어는 실제로 배울 수 있는 형태의 정보를 제공한다.

예컨대 소셜미디어는 특히 화장을 전문으로 배우거나 관련 업계의 종사자가 아닌 이상 배워야 하는 혹은 알아야 하는 것으로 여겨지지 않았던 분야의 정보, 책이나 학교, 가족이 알려주지 않는 정보를 알려주는 역할을 한다. 덕분에 특정한 필요뿐 아니라 페이스북의 페이지나 유튜브, 블로그 등에 관련 정보가 늘어나고 보다 쉽게 접하게 됨으로써 화장을 하거나 트렌드에 맞는 패션을 유지하는 것이 가능하며 또 필요하다는 것을 알게 된다. '요즘 초등학생'이나 과거 사례 F가 화장을 접하게 된 주요한 계기 중 하나는 바로 인터넷 정보. 정보를 통해 화장품의 사용 방식을 알게 되면서부터 화장을 시작할 수 있었다는 것이다.

패션 뷰티 영역이 배우고 익혀야 하는 것이라는 인식은, 배우고 익히는 것을 가능케 해주는 소셜미디어 정보의 구체적인 설명을 통해 만들어진다. 여성이 화장을 보다 쉽게 시작하게 되는 것은 바로 멀티미디어 자료를 동원한 친절한 설명 덕분이다.

페북에 화장법 많이 올라와요. 요새는 새도 화장법. 여러 개 해서 눈 사진 가지고 색깔 여러 개 조합했을 때 어떤 게 나오는지. (그런 거 보면 해보고 싶어?) 이쁜 색이랑 제가 가지고 있는 색이랑 비슷한 색이 있으면 해보고 싶죠. 띄워놓고 이렇게 보고 저렇게 보고 가이드북처럼. 예를 들면 심심할 때 가장 많이 찾아보는 게 옷이나 신발이나 그런 건데. 관심사라서. 화장법 이런 거 찾아보면서 다 캡처해놓고 이쁜 거. 그리고 살 때 옷 살 때나 그럴 때 비슷한 옷이나 아 이거 내가 입으면 이쁠 거 같다 이런 거 해놓고. 화장도. (사례 M)

이용자 개인의 이미지가 곧 콘텐츠인 소셜미디어에 '아름다움'으로 유명해진 보통 여성이 등장하기 시작했다. 그리고 이들의 팬임을 자처하며 '아름다움'을 일종의 전문 영역으로 인식하는 이용자는 이를 배우고 모방하고자 하며, 또한 그 과정을 자신의 소셜미디어에 업로드한다.

이제 즐겨찾기 해놓고. 자주 들어가는 언니들 사이트. 거의 화장품. 화장품하고 옷. 옷 좀 잘 입는 언니들. 에뛰드랑 콜라보한 언니 있거든요. 이름이… 포니… 포니예요. 아 지금 쳐보면 나올걸요. (사례 A)

유튜브 하는 사람 씬님이라고 있거든요…. 거기서 제품 리뷰 같은 것도 많이 하니까 그런 것도 보고 아 이거 좋구나 하고 진짜 똑같은 거 사고. (근데 그거 광고일 수도 있잖아.) 근데 뭔가 그건 신뢰가 가요 그냥. 그 사람이라면 믿음이 가요. 그리고 대중적인 브랜드를 사니까 광고는 아닐 거라는 생각도 하고. (회사원 A의 유튜브 채널을 보여줌.) 이렇게 그냥 이런 거 올려서. (사례 L)

멀티미디어 정보는 그것이 어떤 과정을 거치면 가능해지는지
에 대한 설명력을 가지고 있다. 그뿐만 아니라 아름다움이나 매
력 그리고 이를 실현하기 위한 메이크업 행위를 세세한 분석이
필요한 대상으로 만든다. 예컨대 이사배의 '선미 커버 메이크업'
영상을 보면, 단순히 알려주는 데 그치는 것이 아니라 적극적으
로 그 메이크업을 해석의 대상으로 만들어 충분한 설명을 제공
한다.

"선미 씨의 잡티 하나 없는 뽀얀 피부 결을 만들어보겠습니다."
"피부 톤보다 밝은 컬러로."
"연예인이라고 브러시만 쓰고 스펀지만 쓰고 그런 건 아니고요. 디
자이너 선생님에 따라 달라요."
"선미 씨가 이마가 동그랗고 예쁘거든요, 저도 그렇게 해볼게요."
"레몬 컬러로 얼굴 중앙, 이마, 코끝 이렇게 밝혀볼게요."
"오뚝한 코끝을 위해서…."
"동그란 이마를 위해서…. 특히 이 부분이 가장 볼록해 보일 수 있
도록."
"선미 씨의 얼굴 선 느낌을 따라서 저도 좀 더 작게 셰이딩을 해보
겠습니다."
"이마가 조금 더 동그랗게 보일 수 있게 사이드를 살짝."

"턱끝을 조금 더 부드럽게 만들어볼게요."

"애굣살이 통통하게 있으시더라고요. 저도 통통하게."

"선미 씨가 기본적으로 셰이드 베이스 컬러를 핑크빛을 쓰셨고 그
위에 골드랑 약간 메탈 컬러를 눈 중앙에 얹어서 양 사이드를 블랙
느낌으로 번지게, 퍼지게 하셨더라고요."

'특정 화장품을 여기에 이만큼 바르면 된다'는 식의 단순 기술
적인 설명이 아니라, 이 연예인의 이번 화장에서는 '어떤 색과 어
떤 색을 주로 쓰면서 특정한 분위기를 만들려고 한 것 같고, 색
을 이런 방식으로 사용하면 어떤 느낌을 낼 수 있다'는 식의, 무
엇이 이 얼굴을 아름답다고 느끼도록 하는지에 대한 해석적 설
명을 제공한다.

연예인 혹은 아름다운 여성의 메이크업 방식을 꼼꼼하게 분
석하고 이 메이크업에 활용된 화장품 정보를 제공하는 것은 이
들의 메이크업 방식과 그 얼굴의 생김을 따라 해볼 가치가 있는
중요한 대상으로 만든다. 이러한 과정이 반복될수록 뷰티 크리
에이터가 제공하는 정보 또한 알아야 할 필요가 있는 중요한 것
이라는 의미를 획득하고, 뷰티 크리에이터가 다루는 내용을 더

전문화된 영역으로 이해하게 만든다.

즉 그러한 '아름다움'이 어떻게 가능하게 되는지 알려줄 뿐 아니라, 무엇이 아름다운 것인지에 대한 정보를 제공하는 셈이다. 상황이 이렇게 되면서 다시 '아름다움'의 준거, 전문성을 갖춘 아름다움의 실천 방식에 대한 지식이 생산된다. 다만 뷰티 콘텐츠가 뷰티산업의 중요한 부분을 차지하게 되면서 전문가와 비전문가의 경계에서 '아름다움'에 관해 말하는 인플루언서나 아름다움을 실현하는 방법 등을 둘러싼 논의에 달리는 댓글 또는 구독자가 제기하는 의견이 과거에 비해 상대적으로 좀 더 중요해졌다. 동시에 이 같은 의견은 오늘날 뷰티 분야의 새로운 전문가로 인정받고 있는 뷰티 크리에이터를 통해 대중적 의견 수렴과 검증 과정을 거쳐 재차 '전문화'되고 있다.

아름다움 범주의 확장,
소비적 일상의 확대

뷰티 크리에이터가 그 자체로 대중의 관심과 인기를 얻게 되면서 이들이 제공하는 정보뿐 아니라 이들의 삶 역시 호기심의 대상이 됐다. 소셜미디어의 정보 특성상 인플루언서의 일상을 엿보는 것이 가능하기 때문이다. 연구에 참여한 사례 K와 O는 자신을 포함해 주변의 많은 친구가 인플루언서의 '근황'을 체크한다고 대답한다. 예를 들어 화장법과 화장품을 주로 다루는 인플루언서라 해도 그 사람에게서 단순히 화장품 정보만을 얻는 것이 아니라, 그 일상 전부를 마치 볼거리로서 확인하는 것이다. 어느 카페에 갔는지, 어떤 옷을 입었는지, 친구는 어떤 사람인지, 심지어 다른 이용자에게는 어떤 댓글을 다는지까지 모두 볼거리가 된다. 인플루언서는 주로 소셜미디어에서 활동하기 때문에 다른 이용자와도 소통을 하게 되는데, 이 과정에서 이들이 매일 입는 옷, 새로운 화장법에서 쇼핑 목록, 방문한 카페 등에 이르기까지 일상 그 자체가 공유되는 것이다.

게다가 유튜브 등 소셜미디어 시장이 확장되면서 뷰티 크리에이터의 일상은 단순 공개를 넘어 콘텐츠화한다. 이 같은 콘텐츠를 통해 뷰티 크리에이터의 일상과 소비 생활 전반이 노출된다. 쇼핑, 집 인테리어, 여행 등 일상을 보여줌과 동시에 이때 이들의 화장, 헤어스타일, 패션스타일 등이 함께 콘텐츠로 여겨진다. 특정한 날의 일상을 찍은 콘텐츠에서 뷰티 크리에이터가 입은 옷, 신발, 방문한 장소, 먹은 음식, 구매한 상품 등 모든 것이 아름다움과 관련된 방식으로 연출되고 또 받아들여진다.

(…) 그리고 저쪽으로 가보시면 여기도 귀여운 액자가 있는데요, 자이제 메인 화장대를 보여드릴게요. 이 러그 너무 귀엽죠. 북극곰인데, 이 친구가 제 의자를 지지해주고 있습니다. 그리고 여기 이제 아기자기한 아이템들이 있어요. 여기를 좀 꾸며보고 싶어요. 화장대를 예쁘게 내 색깔로 꾸미고 싶다(강조), 그래서 요 귀여운 고양이 액자도 구매를 해봤고, 요 식물 친구도 데리고 왔어요. 이 친구 이름은 괴마옥인데요, (…) 이런 화병도 소품 숍에서 구매를 했고, 고퀄리티의 조화 올리브 디퓨저도 데리고 왔습니다. 그리고 이 돌도 너무 예뻐서 사봤습니다. 너무 예쁘죠. 여기 하나씩 하나씩 다 꾸며봤는데, 이런 재미가 있더라구요. 소품 모으는 재미가 있어요. 너무 예

쁘죠. 제가 이 화장대를 어떤 거로 좀 구해볼까 했는데, 기존에 나오는 화장대들이 저한테는 좀 작아서 일단 큰 것! (이사배 유튜브 채널 Risabae Makeup, 랜선 집들이: 뷰티 n년차 이사배의 파우더룸 공개, 28만 1661views, 2020년 6월 10일, 검색일: 2020년 7월 11일)

뷰티 유튜버 이사배가 이사 후 집을 공개한 '랜선 집들이'라는 제목의 콘텐츠는 구독자로부터 뜨거운 반응을 얻었다. 이는 메이크업이나 패션뿐 아니라 생활 전반에 걸쳐 드러나는 이사배의 아름다움의 감각이 구독자에겐 선망의 대상임을 보여준다. 이사나 집 리모델링 등을 하나의 콘텐츠로 기획, 제작하는 것은 많은 유튜버가 공통으로 하는 것이지만, 이사배는 뷰티 유튜버로서의 정체성을 특화하며 '파우더룸'을 부각하는 방식으로 자신의 집을 소개한다.

파우더룸을 소개하는 방식은 사실상 방에 놓인 각종 소품을 소개하는 것으로 이루어진다. 우선 화장대와 서랍 속 화장품과 각종 메이크업 도구는 이사배의 프로페셔널한 메이크업의 기술적 자원, 즉 아름다움이라는 결과를 낳는 자원으로 소개된다. 그리고 그 콘텐츠를 보는 누구라도 이사배가 소개하는 아름다움에 접근 가능할 수 있도록 어떤 제품인지 정보가 제공된다.

또한 메이크업과 직접 연관이 있는 화장품이나 메이크업 도구 외에도 그 방에 있는 거의 모든 소품 역시 소개되는데, 예컨대 북극곰 러그, 고양이 액자, 디퓨저에서 식물 등에 이르기까지 모든 정보가 중요하게 언급된다. 여기서 중요한 것은 소품을 소개하는 방식인데, '나를 지지해주는', '아기자기한', '예쁘게 내 색깔로 꾸미고 싶은', '고퀄리티', '너무 예뻐서', '꾸미는 재미' 등과 같은 표현이 주로 동원된다. 각 물건의 브랜드, 구매처, 구매한 계기와 가격 정보는 당연히 제공되며, 이사배 본인에게 어떤 의미를 가지는지도 덧붙여진다.

이는 구독자에게 다채로운 볼거리를 제공하는 한편, 아름답게 관리해야 하는 영역을 얼굴에서 몸 전체, 일상을 살아가는 태도나 취향 전반으로 확장하는 효과를 가진다. 아름다움은 곧 무엇을 입을 것인가, 무엇을 소비할 것인가, 어떻게 내 삶의 공간을 꾸밀 것인가, 무엇을 먹을 것인가, 어떤 삶을 살 것인가로 확장되는 것이다.

뷰티 유튜버계에서 독보적 위치를 점하고 있는 포니는 '마스크에 화장이 자꾸 묻어나면 이렇게 해보세요'와 같은 최근 코로나 일상에 필요할 것 같은 콘텐츠뿐 아니라, '스무디를 만드는 방법'이나 '자존감을 높이려면 어떻게 해야 될까'와 같이 뷰티 콘텐츠와는 직결되지 않는 콘텐츠도 업로드한다. 또 다른 뷰티 유튜버 조효진은 '생일파티'나 '요트 빌려 부산 바다 구경 가

PONY Syndrome
5.67M subscribers

SUBSCRIBE

HOME   **VIDEOS**   PLAYLISTS   COMMUNITY   CHANNELS   ABOUT

Uploads PLAY ALL   SORT BY

브이로그 에피소드.04 옷 10착
장 촬영한 날🎬 + 갯레다윗미 ...
197K views · 1 week ago

🎵 까만밤에 귀 기울여줘, 널 위한
나의 환상곡 Listen to the dar...
348K views · 4 weeks ago

😷 마스크에 화장이 자꾸 묻어나
면 이렇게 해보세요! (NO파데!)...
914K views · 1 month ago

자존감을 높이려면 어떻게 해야 될
까? 200312 (반모) 인스타그램...
183K views · 1 month ago

포니의 스무디볼 만드는 방법!
How to make PONY's...
466K views · 1 month ago

**Putting Makeup Using
ProCreate! 맨 얼굴 그리기부터...**
322K views · 2 months ago

**Fresh Floral Makeup (With
sub)** 부드러운 언브라 빛의 프레...
828K views · 2 months ago

200312 인스타그램 라이브
(With 새벽) @ponysmakeup...
96K views · 2 months ago

[비버스] 메이크업 아티스트 포니
영상 프로필 (축하 인사)
208K views · 2 months ago

브이로그 에피소드.03 비비 만난
날 (feat.흥민봄) VLOG Ep 03 :...
267K views · 2 months ago

그림 23. 뷰티 크리에이터 포니의 채널

기', '10년 지기 친구들과의 호캉스'와 같이 생일이나 특정 계절마다 펼치는 이벤트에 관한 콘텐츠나 '여름을 위한 리넨 룩 북', '158센티미터의 여름을 위한 알록달록 파스텔 톤 데일리 룩'과 같이 계절이나 체형 등에 따른 패션 정보, '인생 플레이리스트'와 같이 개인의 취향에 관한 콘텐츠를 업로드한다.

물론 이때 이들 크리에이터가 공유하는 자신의 일상은 패셔너블하고 감각적인 방식으로 재현된다. 이들의 소셜미디어 피드를 보면 마치 패션과 뷰티의 영역이 '일상'의 모든 영역을 포괄하는 것처럼 보인다.

특히 뷰티 크리에이터 포니의 '스무디볼 만드는 방법!'에 관한 영상은 메이크업 영상 외 콘텐츠 가운데 뷰 수가 높은 편에 속한다. 스무디볼 만들기는 포니가 과거에 업로드한 다른 콘텐츠에 스무디볼을 만들어서 누군가에게 주는 장면이 잠깐 노출된 이후, 구독자의 요청에 의해 만들게 된 콘텐츠다. 스무디볼 만들기 콘텐츠에서 포니는 실용적 정보, 예컨대 이 재료는 어떻게 구매하고, 어떤 비율로 만든다는 정보 외에도 뷰티 채널을 구독하는 구독자의 취향 혹은 욕망을 고려하듯 "예쁜 색으로 드시고 싶은 분은 이렇게 냉동 용과도 인터넷에 파니까"라는 정보도 제공한다.

(말JOLLA많음 주의) 🖤 제 피부 톤이 30호라고요? 요즘 내 찐피… 24:58
68K views · 23 hours ago

158CM 효진쓰의 여름을 위한 린 넨룩북 🤍 :: Summer… 4:18
100K views · 3 days ago

[Playlist] 나만 듣기 아까웠던… 효진쓰 인생 플레이리스트 🎧 26:11
60K views · 1 week ago

요트 빌려서 부산바다 구경하기 + 도자기 공예 그리고 아트 + 조카… 16:13
121K views · 2 weeks ago

🖤 수다 뒤집어지게 떨면서 러블 리 공주님 메이크업 같이해요 … 22:37
237K views · 2 weeks ago

10년지기 친구들과 현.실.주.의 호 캉스🏝 핵꿀잼ㅋㅋㅋㅋㅋ :: 효… 22:38
351K views · 3 weeks ago

DAILY MOOD MAKEUP & GLITTER BOLD MAKEUP 14:16
205K views · 3 weeks ago
CC

방구석 4대 천왕 조효진의 하루… (feat.복실이가 노래를해요!?) 19:01
145K views · 1 month ago

눈으로 보고도 믿기힘든!? 화장 변 신 메이크업🖤 (feat.화장할 때 … 4:41
249K views · 1 month ago

158CM 효진쓰의 여름을 위한 알 록달록 파스텔톤 데일리룩 🖍 … 4:50
168K views · 1 month ago

이게 바로 사회적 거리두기 효진쓰 생일파티…🎉 (feat.미역국 만… 19:22

🌴 피부가 투명해지는 청순 메이 크업 🌴 : MLBB MAKEUP 6:23

막걸리 마시면서 Q&A :: 조효진은 어떤사람인가? 그리고 고민상담 27:37

(ENG) 홍대언니 메이크업 + 흥 🔥 이 올라도, 무너지지 않는 본… 21:29

🔥 효진쓰 2020년 목표 챌린지 브 이로그🔥 :: 첫 영어회화 수업… 20:15

그림 24. 뷰티 크리에이터 조효진의 채널

s*** 2개월 전

와 예술이다…. 언니는 음식 하나를 만들어도 되게 정성스럽고 예쁘게 해 드시네요.ㅋㅋㅋ 역시 최고는 달라.

이*** 2개월 전 (edited)

와 색감이 뭔가 우주 같아서 너무 예쁘고 신기해요.

Y*** 5개월 전

진짜 궁금한데 이렇게 해 먹는 이유가 맛 때문인가요, 다이어트 때문인가요, 영양 섭취 때문인가요? 원래 꾸미는 거, 요리하는 거 좋아해서 그냥 아침 식사도 예쁘게 해 먹고 싶어서인가요???

K*** 5개월 전

저는 가장 마지막 이유에서요! 자기를 위해 시간과 정성을 들여 음식을 예쁘게 만들어서 먹는 시간이 힐링. ㅎㅎ

H*** 5개월 전

인스타 보랏빛 필터나 촬영 방법(중간은 화질 좋은데 겉은 아닌 사진들)이나 입욕제(배스밤, 배스솔트, 그 외 이쁜 가루 입욕제)가 궁금해요.ㅜㅜㅜㅜㅜㅜㅜㅜㅜ 알려주세욥!!

c*** 5개월 전

포니 언니의 럭셔리 하우스도 궁금해요!!!! 랜선 집들이 소취(소원 성취), 인테리어가 너무 예쁘다.

루*** 2개월 전

저 언니 해외여행 가실 때 원석 구매하시는 거 보고 어떤 인테리어를 해놓으셨기에 반짝반짝한 원석이 잘 어울리는지 너무 궁금했어요.ㅠㅠㅠㅠㅠ 제가 인테리어에는 또 소질이 없어서 언니 집은 바라지도 않아요. 언니 메이크업 방 인테리어가 어떻게 되어 있는지 넘나 궁금합니다.ㅠㅠ

뷰티 콘텐츠 구독자는 뷰티 크리에이터가 제공하는 메이크업에 국한된 정보 외에 그들의 일상까지 엿볼 수 있게 되면서 아름다움을 일종의 '라이프스타일'로 여기는 경향이 두드러진다. 스무디볼 만들기 영상에 달린 댓글은 이를 잘 보여주는데, '음식 하나를 만들어도 예쁘게 해 드신다', '자기를 위해 시간과 정성을 들여 음식을 예쁘게 만들어서 먹는 시간이 힐링'이라는 댓글은 생활의 실용성이나 효용성뿐 아니라 아름다움이라는 가치를 중요한 기준의 하나로 여기고 있음을 말해준다. 이외에도 인테리어나 입욕제 등에 관한 정보를 묻는 질문 역시 포니가 먹고, 씻고, 입고, 살아가는 모든 행위에 아름다움이라는 가치를 부여하고 있다.

이처럼 뷰티 크리에이터는 메이크업이나 피부(외모) 관리 같은 뷰티 콘텐츠와 함께 일상 전반에 관한 콘텐츠를 생산하며 아름다움의 영역을 삶의 전반으로 확장하는 흥미로운 효과를 만들어내고 있다. 포니의 '스무디볼 만들기'와 '자존감을 높이려면 어떻게 해야 할까' 영상과 그 구독자의 반응에서 확인했듯 '뷰티'의 범주는 식이 습관에서부터 자존감에 이르기까지 광범위하다.

아름다움을 추구하는 것은 소비자본주의나 여성성에 매몰된 결과가 아닌 '건강한 삶', '주체적인 삶', '자존감 높은 삶'과 점차 높은 관련성을 가지는 것으로 의미화된다. 소셜미디어의 패션 뷰티 정보는 거의 대부분 젊은 세대 여성을 타깃으로 삼지만, 여성 사이에서 이 같은 사실은 별로 중요하게 부각되지 않으며, 더 향상된 자신의 삶을 위한 고마운, 유용한 정보로 이해될 뿐이다. 여성이 이 같은 노력을 기울이는 것은 여성이라는 이유, 즉 성별 규범 때문이라기보다 그저 패션으로서, 스타일로서 의미화되는 것처럼 보인다. 즉 최신 유행을 따르고, 이를 통해 또래집단이자 소셜미디어 인맥 속에서 평판을 유지할 수 있으며, 꽤 괜찮은 삶을 살고 있다는 느낌을 주는 것이다. 지금 당장 그러한 유행을 따를 시간과 돈이 없다 할지라도 온라인 커뮤니티를 통해 '미감'

과 '취향'의 학습과 공유 그리고 확인을 통한 즐거움, 자존감을 얻을 수 있다.

그렇기 때문에 뷰티 크리에이터는 구독자가 아름다움에 접근하기 쉽도록 일상에서 자신이 사용하는 모든 것의 정보를 기꺼이 제공한다. 그리고 이러한 정보는 뷰티 크리에이터의 아름다움에 대한 안목과 전문성에 대한 신뢰를 바탕으로 구독자에게 수용되는 경향이 강하다. 대부분의 뷰티 크리에이터가 자신의 콘텐츠에 잠깐이라도 등장한 물건의 정보를 제공하는 이유는 그것이 아름다워지려는 구독자의 욕망을 실제로 충족시켜주며, 그러한 욕망을 어떻게 잘 충족시켜주는지가 뷰티 크리에이터의 인기와도 비례한다는 사실을 잘 알기 때문이다. 이로 인해 또한 크리에이터는 무엇을 소비해야 할지에 관한 마케팅 광고의 중요한 주체가 된다.

4

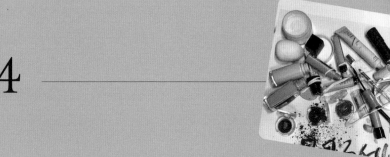

디지털 심미안을
둘러싼 여성의
경험 세계,
일상과 노동

뷰티 콘텐츠-상품 소비를 통한 아름다움 따라잡기

앞서 살펴봤듯, 디지털 세대 여성의 외모 관리와 아름다움에 대한 감각은 소셜미디어 문화 속에서 뷰티 크리에이터나 인플루언서를 준거로 형성되고 있다. 더구나 소셜미디어 마케팅 시장이 확장되면서 뷰티 크리에이터처럼 유명인의 매력적인 모습을 거의 비슷하게 재현해 보여주는 인물들은 실질적인 상품 큐레이터의 역할을 하게 됐다. 이들은 일반인도 텔레비전에 나오는 연예인의 매력적인 외모와 비슷한 수준으로 꾸밀 수 있다는 '달성 가능성'을 끌어올렸다. 이때 달성 가능성이라 함은 똑같은 얼굴을 가지는 것이라기보다 동일한 상품과 화장법 등을 통한 꾸밈을 의미한다.

뷰티 크리에이터는 바로 이 같은 욕망과 실현의 격차를 줄이는 매개자 역할을 자처하며, 그 같은 외모를 갖추는 데 필요한 꾸밈의 기술과 상품에 대한 정보를 제공하고 있다. 뷰티 크리에이터가 처음 팬덤을 형성한 것은 아이돌이나 유명 배우의 커버 메이크업을 하면서부터였고, 이를 통해 아름다운 연예인은 도대체 어떤 상품을 사용하는지 궁금해하는 구독자의 궁금증을 풀어 줄 수 있었다. 그리고 그 팬덤을 형성하는 많은 여성은 이 뷰티 콘텐츠를 어떤 화장품을 구매할 것인가의 준거로 삼는다.

> 아이돌 보면서 예쁘다 예쁘다 하면서 재가 바른 틴트는 뭘까 하면서. 막 전지현 틴트 이러면서. 비싼 거라도 따라 사는 애들 있어요. 얼짱들이 쓰는 거는 저렴하니까 더 잘 따라 하고. (사례 Q)

> 주로 화장품 살 때는 연예인이 뭘 하고 나오면은, 이쁘면은 수지 화장법 같은 거 찾아보면 사람들이 따라 하는 뭐 제품 이거 설명이 되어 있어요. 거기에서 필요한 거 같은 거는 인터넷에 따로 쳐서 그것들 후기 같은 것들 보고 만일 친구들 중에 쓰는 애들 있으면 물어보기도 하고. (사례 B)

소셜미디어에서 예쁘게 꾸미고 사진을 찍은 친구나 연예인을 포함한 인플루언서의 사진은 그냥 그 자체로 일종의 광고로 기능하기도 한다. 세부 영역에 이르는 정보에도 접근이 가능해지면서 단지 인물 사진일 뿐이지만, 얼굴에서 드러나는 화장품, 배경 장소가 된 카페 등에 대한 정보까지 파악, 욕망할 수 있는 대상이 되는 것이다. 사례 Q, B는 소셜미디어에 올라온 친구 혹은 유명인의 얼굴 사진을 통해 화장품의 필요성을 느낀다. 이때 친구나 인플루언서의 매력적인 사진은 그냥 이미지일 뿐만 아니라, 그 여성을 아름답게 보이도록 하는 화장품 정보를 얻을 수 있는 카탈로그의 기능을 하며, 그 화장품을 통해 그와 같은 예쁜 얼굴 혹은 이미지를 가질 수 있다는 생각으로 이끈다.

지금 어떤 화장이 유행하며, 어떤 화장품을 사용해야 하는지 혹은 개인의 피부 타입에 따라 어떤 화장품을 골라야 하는지에 대한 의사 결정의 필요성 증가는 뷰티 콘텐츠를 소비하는 중요한 이유로 자리 잡았다. 구독자 대부분은 뷰티 콘텐츠를 처음 보기 시작한 이유가 화장법을 배우기 위해서였다고 말한다. 이 단계를 넘어가면 일종의 엔터테인먼트가 되어 뷰티 크리에이터의 아름다워지는 퍼포먼스를 즐기게 된다. 하지만 기본적으로는 화장 전반에 관한 정보의 습득이 전제된다. 또한 뷰티 콘텐츠의 내용 자체가 화장법과 그 화장법을 실현하는 데 가장 최적화된 화장품을 소개하는 형식이기 때문에 구독자는 끊임없이 새로운 혹은 필요한 화장품을 발견한다.

(실제로 화장품 구매엔 영향?) 엄청 미치죠. 제가 (포털 기업 인턴 때) 조

사한 게 그거였어요. 뷰티 유튜버들이 쓰는 제품이 파급력이 엄청 좋다고. 저 지금 가지고 있는 제품들은 파운데이션은 이사배가 사서 썼고, 또 파운데이션을 사니까 5000원을 내면 프라이머를 준대요. 기름을 덜 나오게 해준대요. 모공을 메워가지고. 요즘 여름이라 기름이 오지는데 한번 사볼까. 5000원이라는데. 사오고. 4만 원을 썼으니까 샘플을 넣어준대요. 인스타 보다가도 인스타에서도 라뮤끄를 '팔로우' 해놓고 이사배도 해놓으니까 홈에 피드에 뜨는 거예용. 이거 괜찮은데 하고 들어가서 컬렉션에 저장해놓고, '좋아요'를 누른 다음에, 캡처를 한 다음에. 언제 살진 모르지만 일단 예쁘니까.

(사례 사)

사례 사는 자신을 포함해 뷰티 콘텐츠를 시청하는 또래 여성이 특정 화장품을 구매하는 데 뷰티 유튜버의 영향력은 압도적이라고 설명한다. 예컨대 사례 사는 이사배의 팬이기 때문에 이사배가 사용하는 화장품을 구매해 썼다고 한다. 이사배라는 뷰티 크리에이터를 신뢰하기 때문이다. 자신이 좋아하는 크리에이터가 나쁜 상품을 추천하지 않을 것이라는 기본적인 믿음이 있는 것이다. 뷰티 크리에이터의 팬 혹은 구독자, 팔로어가 되는 것은 곧 뷰티 크리에이터가 제공하는 각종 뷰티 관련 정보와 상품 등에 노출되며, 이를 기꺼이 수용하겠다는 것을 의미하기도 한다. 즉 뷰티 콘텐츠 구독자가 화장품을 구매하는 과정에는 특정 뷰티 크리에이터에 대한 팬덤과 화장 팁에 대한 소개가 전제된다.

구독자의 화장품 소비는 뷰티 콘텐츠와 뷰티 크리에이터의 팬덤을 경유하면서 그 의미가 다소 달라진다. 단순히 물건을 구매하는 것이 아니라 뷰티 콘텐츠 전반의 문화에 참여하고 소속된다는 의미를 가진다. 또한 뷰티 크리에이터의 팬덤을 지지하거나 뷰티 크리에이터의 제안, 의견에 동조하거나 주석을 다는 등 뷰티 콘텐츠에 개입한다는 의미를 갖기도 한다.

저희 친구들끼리도 저희가 화장품 선물 주면은 야 너 이거 영상 찍어서 보내라, 이러거든요. 근데 그 앱도 있어요. 그렇게 겟레디위드미(Get Ready With Me)처럼 그렇게 만들게 자막 딱 깔고, 그렇게 만들 수 있게 딱 그 틀이 있고 찍기만 하면 되는. 그런 식으로 하니까 애들이 그 안에서 동영상 해갖고 찍으면 동영상이 예쁘게 만들어지잖아요. 그래서 그거를 유튜브를 하기는 좀 그렇지만, 친구들끼리 화장품 선물을 제일 많이 하잖아요. 야 잊지 마 발색 어떤지, 이렇게 해서 보여주라고. 그러면 애들이 진짜 찍어서 보내면 진짜 유튜브처럼 나와요. 야 우리가 고생했다, 예쁘구나. 그런 거 해달라고 많이 하고. (사례 가)

사례 가는 친구 간에 주고받는 선물 중에서는 화장품 선물이 가장 흔하다고 말한다. 그리고 화장품을 선물한다는 것에는 그 것이 친구에게 어떻게 활용되며 아름다움을 실현하는 데 효과적 인지 확인하는 과정까지 포함된다고 설명한다. 즉 화장품을 선 물받은 사람이 마치 뷰티 크리에이터가 화장품을 리뷰하듯 짧 게나마 동영상 콘텐츠를 만들어 공유하기를 기대한다는 것이다. 그 화장품의 선택에서 사용 후 효과에 대한 기대까지 모두 담은 뷰티 콘텐츠 같은 동영상이 '진짜 유튜브처럼 나오는' 순간, 즉 선물한 화장품의 발색 혹은 화장품 사용을 통해 좀 더 아름다워 보이는 친구의 모습을 확인하는 순간, 그 화장품을 고르기 위한 노력이 빛을 발하고 그 노력이 헛수고가 아니었음을 확인한다고 했다.

이는 화장 혹은 화장품 소비가 유튜브의 뷰티 콘텐츠에 준거 되어 있기 때문에 가능한 일이다. 이 세대에게 화장은 뷰티 콘텐 츠 혹은 뷰티 크리에이터와 분리해 생각하는 것이 거의 불가능 하다. 이렇게 뷰티 콘텐츠를 매개로 한 화장품 소비는 단순히 상 품 소비에 그치지 않는다. 화장품 구매와 화장하는 행위는 뷰티 콘텐츠 및 뷰티 크리에이터의 팬덤과 묶인, 연속적인 것으로 이 해되고 또 실천되고 있으며, 이 모두가 서로 긴밀하게 연결되는 하나의 문화적 행위로 여겨진다.

성별화된 경험과
지식을 요구하는
아름다움의 노동[1]

주목경제(attention economy)를 적극 활용하는 뷰티산업과 많은 여성에게 유망한 직업 중 하나로 여겨지는 뷰티 크리에이터의 인기에서 알 수 있듯 아름다움의 문제는 개인의 외모 관리나 취향, 개인의 선택 같은 측면에만 국한되어 있지 않다. 여성의 일, 노동 문제와도 깊게 연관된다. 신한류, 소비문화산업의 팽창과 소셜미디어의 자기 전시 혹은 자기 과시적 문화 속에서 뷰티, 패션 산업이 전망 있는 노동 영역으로 주목받기 시작하자[2] 과거 성별화된 저임금 서비스 노동으로 여겨졌던 뷰티 분야 노동에 대한 평가도 달라지고 있다.

　예컨대 외모 꾸미기와 소비를 통한 '여성성'의 수행은 즐거움과 재미, 멋진 스타일과 화려한 라이프스타일이라는 관점으로 새롭게 해석되고 있다. 앞서 살펴봤듯 뷰티 크리에이터는 생계를 위한 노동을 한다기보다 자기가 진정으로 사랑하는 일을 하며, 또한 그로 인해 자기 충족적 삶을 살아가는 것처럼 보인다. 또한 뷰티 콘텐츠 생산과 구독자와의 끊임없는 소통 역시 모두 뷰티 크리에이터 스스로에게서 추동된 일에 대한 열정에서 기인한 것으로 여겨진다. 즉 여성 노동자에게 주로 적용돼오던 성별화된 노동의 속성인 '아름다움'이 좀 더 세련된 방식으로 재차 여성에게 자기실현이자 자기표현이며 자기 사업(self-enterprise)이라는 의미를 부여하고 있는 것이다.

이로써 아름다움을 둘러싼 노동의 영역은 '세련되고 감각적인 즐거운 노동'의 이미지를 입게 됐다. 예컨대 미용사, 피부관리사, 화장품 및 의류 판매원, 여행 가이드 등의 서비스직 상당수는 지금 헤어 디자이너, 뷰티 크리에이터, 상품 큐레이터 등과 같은 이름으로 재탄생했다. 패션 및 뷰티 분야의 서비스 노동은 여성의 서비스 노동에 짙게 배어 있던 저임금, 비전문, 비숙련 노동의 이미지를 탈피하고 매력적이며 자기 정체성을 실현하는 동시에 빠르게 성공할 수도 있는 분야가 되고 있다. 특히 청년 세대 여성을 중심으로 한 쇼핑몰 창업, 각종 크리에이터라는 이름을 단 1인 미디어 기업가의 출현 그리고 이들 중 일부의 성공은 패션 및 뷰티 영역을 단지 소비 영역이 아닌 디지털 경제에서 성공 가능성이 높은 매력적인 노동의 영역으로 전망토록 한다.

패션 및 뷰티 분야 서비스 노동에 대한 대중의 인식 변화는

1990년대 이후 한국 경제의 구조 변화[3]와 이른바 K-뷰티, K-패션 등 신한류의 흐름을 타고 이루어져온 패션 및 뷰티 산업의 성장, 이에 대한 정부 차원의 기대 어린 정책에 힘입은 바가 크다. 2005년 이후 매년 20퍼센트에 이르는 성장을 보이는 뷰티산업은 대한민국 경제의 글로벌 경쟁 강화에 중요한 산업으로 여겨지고 있으며, 특히 K-팝 열풍에 힘입어 한국을 대표하는 한류 문화산업으로 자리 잡고 있다.[4]

뷰티산업의 성장은 또한 현재 한국의 중등 및 고등 교육 분야에도 지대한 영향을 미치는데, 2008년부터 2010년까지 4년제 대학 뷰티 관련 학과의 신입생 현황을 보면 2008년 대비 2010년도에는 신입생 수가 32퍼센트 증가했다.[5] 제도권 교육 외의 다양한 디지털미디어 장에서 역시 뷰티 분야에 대한 독려는 확대돼왔는데, 예컨대 네이버는 2016년부터 '뷰티 콘텐츠 창작자'인 '뷰스타' 전문 교육 과정을 만들고 이들을 경쟁시켜 '뷰스타'로 선정하는 뷰스타 리그를 개최하고 있다. 가능성 있는 창작자를 발굴해 뷰티 콘텐츠의 저변을 확대하고, 이들이 국내외 시장에서 활발하게 활동하는 뷰티 전문가로 성장할 수 있도록 지원한다는 것이 그 목적이다.

즉 동시대 청년 세대 여성에게 패션 및 뷰티 업계의 일은 전문 영역, 자기 충족적 노동으로 인식되고 있다. 이 같은 변화가 이루어진 것이 2000년대 중반이라는 점을 고려하면 패션 및 뷰티 산업의 서비스 노동에 대한 특별한 호감을 가진 세대가 현재의 10~20대라는 점은 별로 이해하기 어렵지 않다.

청년 세대 가운데서도 여성이 선호하는 직업은 각종 쇼핑몰 CEO, 뷰티 및 패션 마케터, 디자이너 등 단연 패션, 뷰티 영역에 집중되어 있다. 여성의 경우 인플루언서가 되기 위해 선택하는 콘텐츠 주제는 뷰티 영역이 가장 많고, 이를 발판으로 삼아 쇼핑몰이나 블로그 숍 창업 혹은 네일아트, 메이크업 전문가 등의 패션 및 뷰티 분야 종사자가 되고 싶어 한다.

연구 참여자 가운데에도 졸업 이후 진로로 패션 및 뷰티 분야의 서비스직을 분명하게 염두에 두고 가사·실업계열의 특성화 고등학교로 진학한 이들이 있다.

저는 그게 좀 싫었어요. 그냥 꿈 없이 공부하는 애들 있잖아요. 안타까웠어요. 뭐 하고 싶은지 그런 것도 모르고 그냥 공부해서 나중에 대학 잘 가구 (하지만) 과 잘못 가서 되게 힘들어하는 분들도 계시잖아요. 시간만 버리는 것 같아요. 제 목표는 브랜드를 내는 건데. 제가 작품 활동을 해서 유명한 디자이너가 되는 거요. 지금부터 빨리 해야죠. 최연소가 꿈이었는데. (사례 J)

뭔가 옷에 관심이 많았고 인터넷으로 딱 봤는데 너무 좋은 거예요. 나도 나중에 커서 이런 일 하면서 좋아하는 일을 하고 싶다 해서 6학년 때부터 공부를 했어요. 피팅 모델 알바 한 적 있는데 그때는 내가 하고 싶은 일 하고 그러니까 되게 행복했는데 중간에 그냥 대학 가려고 학교에서 공부만 하려니까 너무 재미가 없는 거예요. 그래서 다시 꿈을 패션마케터로 바꾼 거예요. (사례 G)

원래 화장하고 그런 거 좋아했어요. 중3 때 고등학교 올라가는데 특성화고도 있고 정해야 되잖아요. 그때 한창 학교에서 진로 결정 이런 거 하고 하니까 이제 제가 진로를 생각해보니까 할 수 있는 게 메이크업밖에 없더라고요. 메이크업 재밌고 좋아하고 하니까 메이크업 아티스트가 되자 하고. 부모님이랑 상의를 하고 미용 학원을 다니다가 특성화고 온 거예요. 재밌어요. (사례 V)

연구 참여자들은 가사·실업계열 고등학교 진학을 선택한 것이 단순히 성적에 맞추어 혹은 '여자'라서가 아니라, 졸업 후 일자리에 관한 분명한 기대와 의지 속에서 선택했음을 이야기한다. 사례 J는 디자인고등학교, 사례 V는 미용계열 고등학교 졸업을 앞둔 학생이다. 이들은 가사·실업계열 특성화고등학교에 진학한 이유를 묻는 질문에 '꿈 없이' 공부하는 것이 싫었다거나 어렸을 때부터 관심이 많았던 분야가 분명하게 있었기 때문이라고 대답한다. 그래서 이미 초등학교 혹은 중학교 때부터 자신이 하고자 하는 일을 정하고 공부해왔다. 자신들이 원하는 일을 하기 위한 분명한 주체적 선택이자 그 꿈을 일찍부터 준비할 수 있는 통로로 가사·실업계열의 특성화고등학교 진학을 설명한다.

화장이나 패션 등의 소비 영역에 대한 연구 참여자들의 성별화된 경험은 특성화고등학교라는 선택지를 통해 이 영역에서의 노동 가능성을 좀 더 구체화하고 있다. 소비문화는 이 같은 노동으로 이끌고 지속하도록 하는 중요한 문화적 이유 중 하나가 되는 것이다.

> 제가 숍마스터과에 가고 싶거든요. 뭐라 해야 되지. 쇼핑몰 하면서 오프라인으로 열거나 백화점에 ○○브랜드숍 마스터로 들어가고 싶어서. 그걸 하고 싶어가지고. 저는 이 꿈을 진짜 하고 싶어요. (사례 G)

사례 G는 특정 브랜드를 언급하며 그 브랜드를 판매하는 사람이 되고 싶다고 말한다. 하지만 그 직업은 단순히 '판매원'이 아니라 '브랜드숍 마스터'다. 우선 이 사례는 기존의 '심미노동(審美勞動, aesthetic labor)'을 호명하던 방식이 완전히 달라지고 있음을 보여준다. '판매원'이나 '미용사'가 아니라 '숍 마스터', '메이크업 아티스트', '패션 컨설턴트'와 같은 새로운 호명 방식은 '고객에게 패션이나 스타일을 조언하거나 코치할 수 있는 존재'라는 의미를 부여한다.

그리고 이것은 서비스 노동자가 기업/관리자의 요구를 수용하고, 신체의 개발과 향상에 대한 욕구를 자극해 이를 좀 더 자발적이고 적극적으로 실천하게 만든다. 다시 말해 여성으로서 성별화된 심미노동과 연관된 영역에서의 경험과 지식, 즉 소비와 외모 가꾸기에 관한 경험과 이를 통한 지식은 소비문화 속에서 그것 자체로 고유한 상징과 가치를 가지는 것으로 여겨진다.

'심미노동'이란 여성이 노동을 수행할 때 아름다움이 중요한 요소가 되는 현상을 비판적으로 볼 수 있게 해주는 유용한 개념이다. 이는 후기 산업사회의 다품종 소량 생산, 대인 서비스 섹터 증가 등 산업 구조가 변화하는 과정에서 확대돼온 영역으로, 특히 여성화된 서비스 노동에 대한 문제의식을 담고 있다. 심미노동은 기업의 이윤 확대를 위해 노동자의 신체를 개발하고 동원하며 상업적으로 활용하는 노동으로, 패션 리테일 숍, 카페, 레스토랑과 같은 스타일 노동시장(style market)[6]의 고용 및 노동 과정을 탐색해오던 크리스 워허스트(Chris Warhurst), 데니스 닉슨(Dennis Nickson), 앤 위츠(Anne Witz) 등의 영국 학자에 의해 개념

화됐다.[7]

학자들은 서비스 노동의 특성과 변화 양상에 주목했다. 그리하여 서비스 노동에서 노동자의 신체가 또 하나의 노동 기술이자 자질로 인식되고, 노동에 적합한 형태로 개발 및 재조직되는 현실을 포착해 개념화했다. 심미노동은 여성의 아름다움이나 외모 혹은 여성다움의 재현과 전시를 보다 노골적으로 노동의 내용으로 삼으며, 이를 여성 노동자가 스스로 익히고 개발해야 할 것으로 만든다.

심미노동에서 인간 사이의 소통과 대면은 표정, 목소리, 억양, 제스처 등으로 이루어지므로 신체의 외양적이고 체현적인 특성이 강조된다. 그리고 이러한 서비스 노동에서 상호작용의 문제는 노동자의 신체를 일종의 '기술'이자 '자질'로 포섭하게 하는 중요한 조건으로 작용한다. 이는 서비스 노동자에 의해 서비스 기업의 평판이나 이미지가 형성되고 서비스 그 자체가 평가되는 등 서비스 노동자가 갖는 상징성과 의미가 크기 때문이며, 궁극적으로는 고객의 '미학적 감각'을 자극하고 고객의 소비를 이끌어내기 위한 것이다. 서비스 노동에서 신체가 기술이나 자질이 되면서 노동자 신체의 미학적 개발과 재현에 대한 요구는 정상화되고, 여성으로 하여금 자기 계발의 대상으로 자신의 몸을 인식하고 몸에 관한 다양한 관리와 기술을 계발하게 만든다. 여성의 '적성에 맞는 주체적 직업 선택', 성별화된 특수성에 관한 페미니즘적 전유는 필연성을 긍지로, 예속 상태를 영예로 바꾸어 놓았다.[8] 분명하게 성별 분업화된 자기 계발의 노동윤리는 이렇게 성별 분업 노동과 여성으로서의 긍지를 연결한다.

연구 참여자들이 심미노동을 진로로 선택한 동기는 소비문화 환경에서 여성으로서 겪은 경험의 누적 때문이다. 앞서 살펴봤듯이 이들이 특성화고등학교에 진학한 동기와 심미노동을 진로로 선택한 이유는 심미노동이 '좋아하는 일'이기 때문인데, 그 일을 '좋아하게' 된 이유는 소비문화에 적극적으로 참여해온 경험과 그에 대한 욕망 때문이다.

막 재밌어서 하다 보니까 그때 제가 피부가 진짜 안 좋았는데 피부 화장을 진짜 잘했거든요. 전 화장품 욕심이 많아가지고 막 사요. 막 애들이 막 신기해서 보고 그런 게 재미있어가지고 처음에 미용을 시작했던 거예요. (…) 제가 여자 팬이 엄청 많았어요. 왜냐면 화장 쪽이나 그런 거 이벤트를 많이 했거든요. 만약 화장법 올리면은 여기에 사용된 섀도를 한 명한테 준다, 이런 것도 하고. (그런 건 왜 했어?) 그런 거를 하면은 사람들이 '좋아요'를 눌러주고 다른 사람한테 퍼지고. 그걸로 인해서 저를 팔로우하니까. (자연스럽게 이런 이벤트를 해야겠다, 그런 거야? 어디서 배운 것도 아니고?) 네. 그때는 이렇게

까지 될 줄 몰랐어요. (사례 E)

어렸을 때부터 옷 보고 사 입고 쇼핑몰 돌아다니고 이런 거 진짜 좋아했어요. 그런 걸 좋아하다 보니까 좋아하는 일을 하고 싶다 해서 중학교 올라가면서 이제 어떤 쇼핑몰이든 다 찾아보면서 여기는 이런 분위기, 여기는 이런 분위기, 이런 걸 일단 다 알아봤어요. 그런 거 알아보고. 계절마다 흘러가는 흐름을 노트에 다 적고. (사례 G)

옷가게에서 알바 한 적 있어요. 판매. 거기가 동대문 두타 지하에 디자이너 매장들 좍 있거든요. 아는 언니가 자리 있다고 소개해줘서 했는데. (왜 했어?) 돈 벌고 싶어서, 아니 옷을 사고 싶은데 엄마한테 사달라고 하기 좀 그런 거예요. 여덟 시간인가 아홉 시간 일하고 5만 원 받았는데 일 끝나고. 그때 하루하루 매일 받았거든요. 근데 받자마자 명동으로 가요. 동대문이랑 명동 가깝잖아요. 그래서 바로 쓰고. (사례 J)

사례 E, G, J 모두 화장품이나 옷을 소비하는 데서 즐거움을 느꼈으며, 소비와 관련된 직업을 선택하는 것이 자신이 좋아하는 일을 하는 것이라고 생각해 이를 진로로 연결했다. 사례 G는 옷을 구매하기 위해 다양한 쇼핑몰을 접하면서 향후 자신이 쇼핑몰을 운영하기 위해서는 어떠한 콘셉트로 만들어야 할지 파악할 수 있게 됐다고 했다. 사례 J는 의류 매장 아르바이트를 패션 디자이너라는 꿈과 의류 소비에 대한 욕망 모두를 충족할 수 있는 것으로 여긴다. 그리고 사례 E는 우연히 고등학교 때부터 소셜미디어에서 화장품 광고 아르바이트를 했는데, 자신의 화장품 구매와 화장 경험을 통해 쌓은 지식을 토대로 화장품을 구매하는 여성이 광고나 상품에 이끌리는지 분석해 많은 '여자 팬'을 모으게 되어 화장품 판매에서 큰 성공을 거둔 적이 있다.

여성이 오랫동안 수행해온 소비자로서의 기술과 지식은 진화하는 소비자 문화 속에서 새로운 가치를 부여받고 있으며, 여성으로 하여금 마케팅 영역을 포괄하는 서비스 직종으로 더 쉽게 진입할 수 있도록 한다. 즉 심미노동을 잘 수행하기 위한 자질의 계발은 여성화된 경험과 지식에 의존한다. 소비 및 외모 가꾸기와 관련한 많은 또 다양한 경험이 곧 '재미있으며 좋아하는 일'로 범주화된 심미노동으로 가게 되는 동기이자 심미노동에 적합한 노동자로서의 자질을 갖추게 해준다. 동시에 심미노동이 요구하는 여성 노동자의 외모나 태도 같은 자질은 '재미있고 좋아하는 일'로 포장돼 그 성별성을 가린다.

이 같은 배경에서 대학 입시에서조차 서비스직 전공의 경우 외모가 중요한 합격 기준이라는 점은 점점 더 노골적이고 공공연해지고 있다. 심미노동 영역과 여성화된 노동의 연결고리가 사라지지 않은 상황에서 서비스 영역의 확대는 서비스 영역을 다루는 중고등교육의 영역 확대를 불러오고 있으며, 이는 곧 그 연결고리가 더욱 공고해지고 정상화되고 있음을 보여준다.

서비스직 많아져서 호텔 경영이나 항공 서비스 이런 거 다 면접 보는데 애 같은 애 안 뽑는단 말이에요. 제 친구들도 항공운항과 하는 애들 보면 다 속눈썹 연장술 해갖고 화장해갖고. 그렇게 만드는 거예요, 대학이. 웨딩플래너과도 그래요. 인터넷 카페나 선배들이나 입시 설명회 같은 데 가면 직접적으로 얘기해요. 어른스러워야 한다고. 그런 게(서비스 영역의 범주) 넓혀졌고 공부가 어중간한 애들은 먹고살 일이 서비스직밖에 없으니까. 전문계 애들은 거의 다 서비스직으로. 비서가 진짜 심하던데, 외모. 비서가 못생기면 회사 전체가 못생겨 보인다고 취업하는 20대 보면 취업 필수 코너에 성형이 있던데요. (사례 C)

똑같은 스펙을 가졌더라도 진짜 못생겼고 진짜 예쁘면 예쁜 애를 뽑지. 솔직히 이쁘게 태어나는 것도 능력이죠. 못생기게 태어나면 돈 들어서 꾸며야 하는데. 서빙해도 이쁜 애들 더 많이 뽑히잖아요. 영화관 매표소에서만 일하려고 해도 이력서에 몸무게랑 키랑 적으

라 그러고. 얼굴을 본다는 거잖아요. (사례 K)

　점차 확장되는 대인 서비스 영역 중 특히 심미노동 영역이 요구하는 여성 노동자의 자질은 여성성, 섹슈얼리티 요소에 기대고 있다. 사례 C와 K의 이야기는 아름다움의 노동인 심미노동의 민낯을 보여준다. 특성화고등학교 재학생 중 전문대학에 진학해 서비스직에 관한 훈련을 더 받고자 하는 학생이 대학 입시 때 겪는 일은 심미노동이 여성의 성별화된 섹슈얼리티를 요구하고 있음을 보여준다.

　이렇듯 쇼핑, 미용, 패션 분야에 종사하는 여성에게 요구되는 노동의 내용은 여성 자신의 몸을 통해 드러나며 여성으로의 주체화 과정에 깊숙이 개입한다.[9] 또한 고객과의 원활한 실시간 응대 등의 커뮤니케이션 능력을 요하며, 자신만의 노하우를 일종의 콘텐츠로 공개하기 위해 소비 경험을 지속적으로 축적해야 한다. 그런데 이 기술과 지식에 도달하는 것은 주로 정규 교육을 통해서가 아니다. 오히려 '자기 계발' 문법의 적극적인 수용과 실천, 여성 잡지 혹은 이와 관련된 다양한 미디어 콘텐츠 그리고 일상화된 소비, 옷과 인테리어용 소품이나 가구 쇼핑, 여기저기 돌아다니기 등을 통해서다. 즉 자기 계발과 일상의 심미화에 관한 지식과 기술 축적은 '여성'으로서, 즉 성별화된 '여성 주체'의

구성 과정을 통해 가능해진다.[10]

　지금 패션, 뷰티를 필두로 하는 심미적 서비스 노동으로 진입하고자 하는 많은 여성은 신자유주의적 문화의 재조정 속에서 일종의 '자기 표현적 노동'[11]이라는 욕망을 실현하고자 희망한다. 신자유주의적 노동 문화가 만들어내는 자기 계발, 자기 관리, 꿈의 실현에 대한 주체화 과정 속에서 심미적 서비스 노동의 의미 변화는 보다 세련된 방식으로 성별화된 노동 영역을 재생산하고 있다.

아름다움,
성별화된 노동이라는 인식:
탈코르셋 운동[12]

보통 초등학교 4~5학년 때부터 틴트를 조금씩 바르기 시작했고, 중학교 와서는 전문적으로 파우치 만들어서 화장하고 고등학생쯤 되니까 전문가의 수준이 됐죠. 애들은 그냥 아침 자습시간에 10분 만에 풀 메이크업하고. 하루 종일 '풀메' 상태로 있고 학원 갈 때도 그렇고 일단 1년 360일 화장한 상태로 있는 거예요. 저희 반에는 화장을 안 하는 친구가 두세 명밖에 안 돼요. 서른세 명인데. 거의 다 해요. 화장 안 하고 오면 너 어디 아프냐, 너 오늘 되게 병자 같다, 이렇게 얘기하니까 화장을 끊기가 굉장히 어렵고요. 주변 애들이 많이 하니까 자기도 안 하기 좀 그렇고. 화장하는 친구랑 친구가 되면 어디를 가도 화장품 가게를 가게 돼 있어요. 거기 보면 되게 예쁘게 나오잖아요, 화장품들. 관심을 안 가지기가 힘든 구조에 있게 되는 거예요. (사례 사).

동시대 청년 여성의 아름다움에 관해 얘기하면서 페미니즘과 '탈코르셋 운동'을 빼놓기는 어렵다. '코르셋'이라는 표현은 주로 여성에게 요구되는 외모에 대한 압력을 상징한다. 아름답고 친절하게 보여야 하는 것이 성차별임을 명확히 하는 표현이다. 동시대 1020세대에게 '탈코르셋'은 자유, 해방의 의미로 사용되며, 페미니즘을 접하고 지속하고 또 누군가에게 소개하는 중요한 한 방법으로 여겨진다.

탈코르셋 운동의 주축인 1020세대 여성은 적어도 디지털미디어와 신자유주의, 포스트페미니즘적 에토스가 태동한 이후의 개인/여성이다. 이들은 뷰티 유튜버이자 그 팬이며 패션 및 뷰티 시장에서 급부상한 신흥 소비자다. 동시에 네트워크로 연결된 여성운동의 정치적 주체인 익명적 개인이다. 팽창된 패션 및 뷰티 시장에서 소비자의 자유를 경험한 여성이자 곧 그러한 자유를 부당한 압력으로 재해석, 개인의 자유와 권리를 침해하는 것으로 규정하는, 미디어를 매개로 적극적으로 발언하는 주체이기도 하다.

사례 나는 탈코르셋 운동에 참여하면서 "언제는 화장할 자유가 있다, 치마 줄일 자유가 있다 하고 외치더니 왜 이제 안 하겠다고 하나"와 같은 질문을 많이 듣는다고 했다. 이는 '화장', '꾸밈' 등이 여성에게 갖는 맥락적 의미에 대한 몰이해에 기인한다.

그림 25. 탈코르셋 인증 사진
인스타그램 이용자 @jin****,《한겨레》2018년 7월 5일 자에서 재인용

예컨대 현재 30대 후반 이상 여성 세대에게 10대 시절 화장은 학교 내에서의 '여학생' 규범을 '탈'하는 것이었다. 그러나 지금 10대 여성에게는 지배적 또래문화의 일환으로 문화적 강제가 작동하는 영역이다.

청년 세대 여성의 아름다움에 관한 모순적 경험과 태도는 1990년대 이후 여성과 소비자본주의, 포스트페미니즘 그리고 디지털미디어와의 관계에 관한 복잡한 맥락을 보여준다. 1990년대 문화 영역에서의 페미니즘과 제도 영역에서의 젠더 주류화, 신자유주의 경제 체제 등과의 상관관계 속에서 10~20대 여성은 소비 주체로 위치 지어졌다. 화장을 하거나 성적 자유를 공공연하게 드러내는 것은 일종의 권리이자 패셔너블한 감각으로 여겨졌다.[13] 한국에서는 1990년대 이후 10~20대 여성을 위한 소비시장이 증가하기 시작했는데, 대학가를 포함한 여러 도시의 주요 상권에는 이들을 타깃으로 하는 화장품 로드 숍이 우후죽순 들어서고 각종 온라인 쇼핑몰도 대거 생겨났다. 또한 과거에는 주로 대중매체가 담당했던 아름다움에 대한 욕망 생산과 상품화는 각 개인들의 일인미디어를 통해 이루어지고 있다.

'화장을 하는 것', '여성은 아름다워야 한다'는 비교적 오래전 페미니스트들이 반대했던 명제가 2010년대 1020세대 여성들의 새로운 운동의 어젠다가 됐다는 점은 소비자본주의와 1인 미디어 속에서 팽창된 한국 미용산업에서의 이들의 경험을 반영한다. 연구 참여자들은 자신을 포함해 또래들이 공통적으로 뷰티 콘텐츠와 화장에 대한 아주 풍부한 지식과 경험을 가지고 있다고 이야기한다. 심지어 교실의 많은 여학생이 단 '10분 만에 풀 메이크업'을 할 수 있을 정도로 숙련자다. 주변의 대다수 여성이 화장을 하는 상황에서 화장을 하고 화장품을 소비하는 것은 익숙하고 자연스러운 일이다. 오히려 화장하지 않는 여성이 의문의 대상이다.

"(여성들에게) 화장이 일상이 아니면 올리브영이 이렇게까지 클 수가 없다"(사례 나)라고 판단하게 된 환경은 탈코르셋 운동 배경 중 하나다. 일생 중 이미 팽창된 미용산업과 소비자본주의 문화에서 보낸 시간이 압도적이라는 점이 탈코르셋 운동이 특히 10~20대 중심으로 공감을 얻고 빠르게 확산되는 이유인 것이다.

친구 중에 코덕이 있었는데 걔가 탈코르셋 하니까 너무 신기한 거예요. 만날 뭐 샀다고 팔목에 발색해서 보여주던 애가. (…) 제가 대학을 3년째 다니고 있잖아요. 한 번도 '생얼'로 다닌 적이 없어요. 최근에 엠티를 갔는데 그때가 애들한테 생얼 보여준 게 거의 처음이

었어요. 진짜 요즘 화장 안 하고 다니는 여자애들 되게 많아졌어요. (사례 나)

탈코르셋? 이런 거 하면서 제 친구도 그렇고 저도 그렇고 화장이 약간 귀찮아지게 된 거예요. 옛날에는 그러고 만나면, 야 어디 아프냐? 요즘에는 오히려 애들이 화장 빡세게 하고 오면, 너 요즘 무슨 일 있어? (사례 라)

사례 나가 말하는 '코덕'은 '코스메틱 덕후(화장품 마니아)'다. 2018년 중반 이후 연구 참여자들은 주변에서 점차 '탈코르셋'이라는 단어를 사용하거나 실제로 머리를 짧게 자르고 화장을 하지 않는 또래 여성이 부쩍 많아졌다고 말한다. 연구 참여자들은 대학 이후 약 3년간 시도해보지 않은 '생얼'을 친구들에게 보여주기 시작하거나 '화장'이 귀찮아지기도 한다. 이 과정에서 여성이 화장하는 것에 대한 의미도 차츰 달라지는데, 이전에는 화장을 완벽하게 하는 것이 기본이었다면 탈코르셋 담론을 접한 이후 완벽한 화장은 일상적인 것이라기보다 '무슨 일'이 있을 때 하는 것이 됐다. 여전히 화장은 일상적으로 하는 것이지만, 예컨대 평소 하는 화장 단계가 여섯 단계였다면, 그중 한두 단계 정도는 '내려놓기' 시작한 것이다.

탈코르셋 운동이나 탈코르셋이라는 단어는 단지 화장에 국한되기보다 오히려 일상에서 힘을 발휘하는 것으로 보인다.

친구가 남친 사귄 적이 있는데 제 친구한테 코르셋이란 코르셋은 다 강요했어요. 긴 머리에 치마. 안경도 쓰지 말라고 했는데 친구는 안경 쓰고 짧은 머리, 바지 좋아하는 애였거든요. 친구가 내가 왜 불편할까 하다가 탈코르셋을 알게 됐고. 걔 때문에 강경한 그런 게 있는 것 같더라고요. (사례 다)

(탈코르셋이란) 처음엔 노 메이크업이라는 생각을 했고 지금은 좀 더 외형에서 벗어난 것도 다 포함할 수 있다고 생각해요. 왜 사근사근하지 않니, 이런 거. (…) 남자친구는 꾸밈 노동 때문에 헤어졌어요. 저는 항상 '후리'하게 다니는 걸 좋아하는데. 왜 나한테 신경을 써주지 않냐, 그것 땜에 헤어졌죠. 참숯 필터 하나 놨는데 다 걸리는 거예요. 비혼해야겠다, 비연애해야겠다까지는 아니었는데, 의도치 않게 이렇게 흐름을 타겠구나. (사례 가)

탈코르셋은 화장 안 하기에서 규범적 여성성의 이해로 나아간다. 사례 다의 친구는 이른바 탈코르셋을 강요하는 강경파다. 사례 다는 탈코르셋을 강요하는 것에 반대하지만 친한 친구의 연애경험으로부터 그러한 강요에도 다 이유가 있는 것이라고 생각한다.

탈코르셋 운동에 유독 1020세대의 지지가 높은 이유는 탈코르셋 개념을 통해 페미니즘 인식론을 선명하게 학습하게 되기 때문이다. 연구 참여자들은 탈코르셋이라는 단어를 접하면서 여성에게 외모를 꾸미는 것이 단순히 개인의 선호 문제가 아니라는 점을 발견한다. 이 발견은 화장이 조금 옅어지거나 머리가 짧아졌을 뿐인데 주변의 반응이 달라짐을 느끼면서 시작된다. 여성으로서의 경험이 탈코르셋 관점을 통해 상대화된다. 이 과정에서 여성으로서의 경험은 코르셋이라는 새롭게 접한 페미니즘 언어로 해석, 수렴된다.

탈코르셋이라는 새롭게 알게 된 단어를 통해 직간접적으로 경험하는 규범적 여성성을 해석할 수 있게 되면서 코르셋은 여성으로서 겪는 경험이라고 느껴지는 것에 붙여진다. 사례 가가 말하는 참숯 필터는 페미니즘이자 탈코르셋이다. 꾸밈 노동, 비연애, 비혼에 이르기까지 코르셋의 범주는 확장된다. 이로써 아름다움에 대한 규범적 여성성에 관한 질문은 여성으로서의 삶 전반으로 확대된다.

아름다움이 매개한 여성 지식의 장과 커뮤니티 빌딩

'아름다움'은 불확실한 미래와 현실에 조건 지워진 가능성 혹은 희망

변화하는 아름다움의 위상과 의미

5

여성 주체의
디지털 심미안이 내포한
모순과 가능성

Makeup For Photoshoots | 이사배(RISABAE Makeup)

아름다움이 매개한
여성 지식의 장과 커뮤니티 빌딩

디지털 테크놀로지의 물질적 특성인 연결성과 실시간성, 편재성 속에서 여성은 아름다움의 커뮤니티를 형성한다. 여기서는 셀피의 형식이나 팔로어 수, '좋아요' 수, 피드백, 편집 기술 등을 통해 서로 아름다움을 검증받는 데 필요한 요소를 학습한다. 아름다움을 매개로 하는 소셜네트워킹은 여성 간의 연대 형성이자 즐거움을 주는 일종의 놀이 행위다. 이는 곧 소셜미디어 내의 참여 활동 그 자체를 형성하고 소셜미디어 내에서, 더 정확히는 아름다움의 네트워크 안에서 일종의 성원권을 획득하도록 한다. 즉 아름다움에 대한 안목의 학습과 추구는 소셜미디어에서의 생산 활동이자, 표현하고 이야기하고 관계를 맺는 등의 사회성을 유지하는 데 중요한 요소이기도 하다. 일종의 디지털 리터러시로서 아름다움의 추구와 평가, 승인이 이루어지는 것이다.

또한 여성은 자신을 전시하는 것 외에도 다른 아름다운 여성

을 통해 쾌락을 얻는다. 대표적으로 라뮤끄의 '라뮤끄 성형외과'
라는 연속물 콘텐츠는 일반인 여성의 외모 변화를 통해 구독자
에게 만족감, 곧 '대리만족'을 선사한다.

안녕하세용! 라뮤끄입니다:) 2018년 NEW 프로젝트! [라뮤끄 성형
외과]의 두 번째 손님을 모시게 됐습니다. 여러분 많이 기다리셨죠
♥ 남의 평가와 사회에서 정해놓은 미의 기준에 맞출 필요 없이 다
양한 아름다움이 존재하며 있는 그대로 아름다운 우리지만, 스스
로의 만족도에 의해 개선하고 싶은 욕구를 갖게 되는 건 어쩔 수 없
는 일인 것 같아요. 평소에 하고 싶었던 메이크업 또는 보완하고 싶
었던 부분들! 제가 채워드리겠습니당! 그동안 '비포 앤드 애프터가
확실하다'라는 말을 들어왔던 저이기에 조심스럽게 시작하는 새로
운 프로젝트입니다! 두 번째 손님 ○○○ 씨는 작은 눈, 낮은 콧대,
넓은 이마, 동그란 얼굴형 등이 스스로 본인의 콤플렉스라고 말씀
해주셨는데요! 추운 날씨에 멀리서 와주신 ○○○ 씨에게 마음 상
하지 않는 따뜻한 코멘트만 부탁드려요. (라뮤끄 성형외과 Lamuqe's
Makeover #2. 꿀팁 대방출 – 작은 눈, 무쌍, 2018년 1월 26일, 조회수
199만 7897, 댓글 6374)

라뮤끄는 획일화된 사회의 미적 기준과 개개인 스스로의 불

만족한 모습을 보완하고 싶어 하는 욕망을 구분한다. 자신의 모습에 만족하지 못하는 것, 아름다워지고 싶어 하는 여성의 욕망을 긍정해주며 그 욕망을 적극적으로 응원하고 조력하는 사람으로서 자신을 위치시킨다. 라뮤끄의 구독자는 댓글로 콤플렉스를 성형이나 화장으로 감추고 싶어 하는 여성에게 공감하는 한편, 외모로 여성을 평가하는 사회에 함께 분노한다. "진짜 저도 눈 작고 콧대 낮은 무쌍으로서 역대급 최고 무쌍 화장인 거 같아요! 저렇게만 하고 다니면 성형 욕구 절대 안 생길 듯"(차**)과 같이 출연 여성의 콤플렉스에 적극 공감하거나, 외모로 인한 부정적 평가를 많이 받았다는 출연 여성에게 "같은 여자로서 느끼는 게 저분은 그냥 단순하게 귀엽거나 예쁜 게 아니라 너무 사랑스럽게 생겼음"(떼**)과 같은 응원의 메시지를 전달하기도 한다.

(일반인 메이크오버 해주는 뷰티 콘텐츠에서 외모 콤플렉스를 극복한 내용을 보면) 나아지고 싶다는 생각을 공통적으로 갖고 있는데 나아진 사람이 있어, 너무 잘 나아졌어, 기꺼이 박수 쳐줄 수 있는 거죠. 아 잘됐다. 왜냐면 공통된 목표였고. 그래서 대리만족을 느끼는 거죠. (사례 마)

오히려 다른 톤의 사람이나 완전 정반대의 화장을 하는 그런 사람들 재밌으니까 보는 거예요. 저는 그런 화장을 못 하는데, 그 사람은 완전 태닝 피부거든요. 저는 확 태닝을 하지 못하는데 대리만족 같은 것도 있고. 확실히 뷰티 할 때 저랑 다르니까 제가 만날 똑같은 아이라인에 섀도 두 개 이렇게 올리고 나간다면 그 사람은 막 다른 톤을 쓰고 저는 핑크색 톤 못 쓰는데 그 사람은 오렌지 톤 이런 것도 쓰고 하니까. 무엇보다 그걸 했을 때 너무 잘 어울리고 예뻐요. 그럼 저까지 뿌듯해져요. 우아 진짜 잘 어울린다. 흡족한 마음으로 다음 거 막 보고. (사례 가)

연구 참여자들은 뷰티 콘텐츠를 설명하면서 '대리만족'이라는 표현을 사용했다. 이는 아름다움을 성취한 다른 여성의 성공을 자신의 성공으로 동일시한다는 의미다. 그리고 대리만족을 느끼는 이유를 '공통된 목표를 누군가 먼저 달성했기 때문'이라고 했다. 오랫동안 여성의 아름다움은 여성과 여성을 서로 경쟁자로 인식하게 하고, 남성의 승인을 받는 자가 승리자가 되는 것으로 여겨져왔음을 상기한다면 무척 흥미로운 현상이다. 여성이 아름다움의 성취를 서로 응원하는 문화는 뷰티 콘텐츠가 말그대로 '미디어 콘텐츠'로서 엔터테인먼트적 요소가 강해지면서 생긴 현상으로 보인다. 대면한 적 없는 타인의 일상을 보는 것 자체가 소셜미디어의 주류 문화이자 자신이 활용할 만한 유용한

팁을 수집하는 것이라는 점에서 여성에게 타인의 아름다움을 보는 것은 일종의 감상이라는 즐거움의 요소로 작동하는 것이다.

적어도 이러한 커뮤니티 안에서 아름다움은 여성을 경쟁시키는 요소가 아니다. 이 같은 아름다움의 커뮤니티 안에서 여성은 아름다움을 매개로 공통의 정서를 만들고 또 경험한다. 연구에 참여한 많은 여성과 뷰티 콘텐츠 구독자가 표현하는 것처럼 대리만족이라는 감정은 온라인상에 뷰티를 중심으로 하는 커뮤니티가 만들어짐으로써 설정될 수 있는 것이다.

> 근데 이게 한정된 자원이 아니기 때문에 가능하다고 생각해요. 예를 들어서 서바이벌 오디션이다 약간, 내가 면접에 있다, 그러면은 애가 잘했어, 뽑혔어? 그럼 나는 탈락이겠지만, 누구든지 올라갈 수 있는 곳에 있기 때문에, 그걸 올라간다고 표현을 한다면, 누구든지 올라갈 수 있는 것이기 때문에 애가 올라갔을 때 기꺼이 박수 쳐줄 수 있는 거죠. 아 잘됐다. 왜냐면 공통된 목표였고 그거는 한정된 게 아니니까요. (사례 라)

사례 라는 현재 탈코르셋을 실천 중이다. 이전만큼은 아니지만 요즘도 뷰티 콘텐츠를 종종 본다. 사례 라는 자신이 탈코르셋 운동에 참여하는 것과 무관하게, 적어도 뷰티 콘텐츠 팬덤에서 보여주는 또래 여성의 아름다움을 대하는 태도는 여성끼리 경쟁하는 것으로 보는 사회의 일반적 시선과는 다르다고 생각한다. 실상 지금까지 아름다움에 대한 여성의 관계는 서로를 경쟁자로 인식하고 최종적으로 남성의 승인을 받는 자가 승리자가 되는 것으로 여겨졌지만, 뷰티 콘텐츠로 형성된 여성 커뮤니티에서는 오히려 각자가 원하는 대로, 예컨대 외모 고민이나 콤플렉스 등을 극복할 수 있는 정보를 공유하고 고민을 해소할 수 있도록 서로 독려하는 관계라는 것이다.

사례 라가 아름다움을 달성하는 것이 '공통의 목표'라고 설명하거나, 아름다움을 실현하고 성취하는 것이 '한정된 자원'을 둔 경쟁이 아니라고 설명하는 배경에는 뷰티 콘텐츠가 만들어내는 외모의 병리적 문제가 깔려 있다.

내가 뭐 가령 이 교수한테, 이 남성한테, 이 권력자에게 딱 특정한 사람에게 잘 보이기 위해서 우리가 다 같이 꾸며야 하는 상황이라면, 뭐야 쟤가 이뻐졌어? 큰일 났네, 발등에 불이 떨어졌네, 이런 느낌이 들 수 있겠지만, 이것도 다 뚫려 있는 것이니까요. 그리고 그 사람과 저는 면대면 상황에 있지 않으니까. 그리고 사실 외적인 것은 얼굴 하나만 놓고 보더라도 나는 건조해서 늘 피부가 뜨는 게 고민이야, 이게 끝이 아니라는 거죠. 모든 곳에서 찾아낼 수 있어요.

모공이 넓어서 고민이에요, 근데 건조하기도 해요, 근데 쌍꺼풀이에요, 근데 눈썹이 짝짝이예요, 근데 광대가 심해요, 뭐 근데 턱이 너무 나와 있어요. 끊임없이 쏟아낼 수 있는 거니까 그중에 하나만 나한테 걸리면 나한테 유익한 정보가 되는 거죠. 그 사람이 드라마틱하게 변한다면 저걸 나에게도 적용할 수 있겠구나, 하는 생각을 같이 가질 수 있는 거기 때문에 그래서 모든 콘텐츠들이 모두 소비되는 이유는 복합적인 고민들을 사람들이 하기 때문이라고 생각해요. (사례 라)

뷰티 콘텐츠는 말 그대로 콘텐츠로 만들 만한 소재를 끊임없이 발굴해내야만 하는데, 이를 위해 뷰티 크리에이터는 외모의 매우 세부적인 부분에 이르기까지 교정의 대상으로 보고 특정 외모를 찾아낸다. 교정의 대상으로 포착된 특정 외모와 비슷한 외모를 가진 구독자는 이를 해결해야 할 과제로 삼게 되고, 댓글 등을 통해 비슷한 고민을 가진 구독자끼리 작은 커뮤니티를 형성한다. 이때 중요한 것은 아름다워져서 더 매력적인 여성이 되는 것, 그리하여 결혼이나 연애, 노동 시장 등에서 다른 여성보다 우위를 점하는 것이 아니라, 우선 이 고민을 해결하는 것이다. 사례 라가 말하듯, 외모 콤플렉스는 화수분과 같이 끊임없이 새롭게 생길 수 있는 것이기 때문에 아름다움이라는 주제를 둘러싼

이 같은 여성 사이의 관계는 유지된다.

물론 뷰티 콘텐츠는 뷰티산업과 긴밀한 관계를 유지하면서 끊임없이 여성의 외모 콤플렉스를 자극하고 또 생산하여 여성으로 하여금 소비시장에 기대게 한다. 구조적으로 아름다움에 대한 욕망과 실천을 강제하는 경향이 존재하는 것이다. 그럼에도 아름다움을 둘러싼 여성 간의 관계가 다른 방식으로 상상되기 시작했다는 점은 주목할 만하다. 일반 여성의 아름다움을 성취하기 위한 노력과 그 과정, 결과 등이 콘텐츠로 소비되면서 아름다운 외모의 여성은 그 여성이 연예인인지 일반 여성인지와 무관하게 온라인 공간상에서 주목의 대상이 될 뿐 아니라 새로운 대화를 촉진한다. 그리고 일종의 연대감, 공동체 의식을 만들어내기도 한다. 이를 통해 여성 지식 공동체가 형성되고, 이렇게 형성된 공동체는 여성에게 자신의 아름다움에 대한 욕망과 실천을 이성애적 구도를 벗어나 상상하는 계기와 경험을 제공하기도 한다. 여성은 이 같은 여성의 공간을 통해 여성 간의 연대와 여성으로서의 자기 인식이라는 경험을 한다.

최근 한국에서 확산된 이른바 페미니즘의 대중화는 온라인상에 존재하는 여성만의 공간에서 겪은 경험이 누적된 결과이기도 하다. 한국에서 여성이 집단적, 정치적 주체로서 가시화됐던 2008년 광우병 촛불시위에서 여성은 뷰티 및 패션 정보 공유를 주제로 하는 인터넷 '여초' 카페의 이름을 걸고 광장에 등장했고, 정치 자금을 후원했다.[1] 이미 성별화된 공간이지만 동시에 여성만의 공간이라는 점에서 아름다움의 공동체는 여성에게 젠더 수행의 장인 동시에 여성으로서의 자기 인식에 관한 경험의 공간이기도 하다.

예컨대 최근 자녀를 출산해 양육 중인 뷰티 유튜버 사례 C는 자신의 뷰티 콘텐츠에 출산과 양육 관련 내용도 함께 업로드한다. 결혼과 출산에 대해 "여자가 살기 힘든 세상에서 당당함을 잃지 말라"라고 말하거나, 육아 경험을 토대로 "정부 정책 및 각종 미디어 매체, 기업 정책 등에서 모성애뿐만 아니라 부성애도 함께 강조하면서 남성 역시 육아의 주체라는 것을 강조하고, 남성의 육아휴직이나 남성의 육아/가사 노동 참여를 집중적으로 다뤄야 할 필요성"을 콘텐츠 내용에 담는다. 이러한 뷰티 채널은 이내 여성으로서의 자기 인식에 관한 토론의 장, 공감의 장으로 변모하기도 한다.

그리고 이 같은 '여성'으로서의 경험이 바탕에 깔린 공론의 장은 2010년대 후반 시작된 청년 세대 여성의 온라인 페미니즘 운동으로 이어진다. 소셜미디어 플랫폼은 관심사를 공유하는 특정 인구 집단을 중심으로 하는 강력한 네트워크이며, 그 내부에서 생산되는 정보와 그 유통에 특화된 디지털 경제 가치 창출의 장

소다. 이 장소를 매개로 1020세대 여성은 소비문화와 관심사를 공유하는 자신들만의 아지트적 네트워크와 시장을 형성하는 동시에, 페미니즘 정치의 광장을 만들 수 있었다.[2]

디지털 경제에서 여성의 경험과 참여는 소비시장뿐 아니라 동시대 페미니즘 운동의 대중화에도 '화력'을 발휘했다고 볼 수 있는 것이다. 정보, 경험, 생각의 공유를 일상화한 소셜미디어 문법 아래 여성은 마치 '발색이 훌륭한 립스틱'이나 '원 플러스 원으로 살 수 있는 신상품' 같은 놓치기 아까운 정보를 공유하고 또래에게 널리 알리듯 페미니즘이라는 좋은 의견 혹은 알아두면 유용할 새로운 견해를 널리 공유하기 시작했다.

대표적으로 탈코르셋 운동은 유튜브나 트위터와 같은 상업적 주류 미디어를 통해 젠더 이슈를 공론화함으로써 일상에서 페미니스트 정치학을 접하지 못했을 다수의 여성에게 페미니즘을 접근 가능한 것으로 만들었다. 탈코르셋 운동은 뷰티 상품과 그 소비를 중심에 둔 소셜 네트워크와 즐거운 노동의 반대편에 있지만, 실상 같은 플랫폼과 문법을 공유한다. 자신들의 네트워크상에서 정보를 공유하고 싶어 하는 정보경제 시민으로서의 역할이 사실상 여성 사이의 페미니즘 대중화에도 기여한 것이다.

'아름다움'은 불확실한 미래와
현실에 조건 지워진 가능성
혹은 희망

화장하기는 소셜미디어에서 자기에 관한 일종의 포트폴리오를 구성하는 즐거움과 자기 계발적 요소 둘 다를 포함한다. 연구 참여자들은 아름다운 얼굴 만들기가 중요해지는 배경으로 셀피와 소셜미디어를 꼽는다. 소셜미디어에서 '자기'는 편집이 가능하다. 오프라인에서 자신을 아는 사람과 소셜 네트워크를 공유한다고 하더라도 소셜미디어에서는 보여주고 싶은 모습만 보여줄 수 있고, 그것이 결코 흠이 아니라는, 오히려 소셜미디어의 문법에 적합한 참여 방식이라는 점이 합의되어 있다.

즉 소셜미디어에 업로드하는 셀피는 개인이 상상할 수 있는 가장 나은 상태 혹은 발전된 상태의 모습이다. 연구 참여자들의 표현에 따르면 '상태가 좋을 때', '화장이 잘 된 날'은 무조건 셀피를 남기고 소셜미디어에 업로드한다. 이 셀피가 모이면 자신이 희망하는 최선의 자기 이미지가 구축된다.

(셀피) 많이 찍어요. (언제?) 화장 잘 됐을 때, 어디 놀러 갈 때. (왜?) 그냥 뭔가 딱 화면을 봤을 때 맘에 드는 얼굴이었을 때 SNS에 올리기 위한? (그럼 사례 가는 얼굴이 다양한 거네. 그중에 맘에 드는 얼굴이 있는 거네.) 그렇죠. (그 맘에 드는 얼굴이 어떤 건지 표현한다면?) 전 좀 제 스스로가 좋아하는 얼굴이 블러셔가 딱 잘 받는 날이 있거든요. (사례 가)

인터넷에선 어쨌든 그 사진이 저로 활동하고 있는 거잖아요. 그리고 그게 실제로가 아니고 글로 하는 거니까 자기를 꾸밀 수가 있잖아요. 말투라든가, 뭐든지. 좋은 것만 올릴 수도 있고. 인터넷에서의 이미지를 굉장히 좋아하는 것 같아요. 자기가 좋아하는 것만 올리고 남이 보기에 좋을 것 같은 거만 올리고… 하나를 만들어가는 것 같아요. (사례 D)

저도 약간 만들어지는, 만들어지고 있는 거 같아요. 겉으로 보여주기를 원하는 것만? SNS에 올리는 사진이 거짓은 아니에요. 그 100프로 중에 일부를 올리는 거지…. (사례 J)

연구 참여자들은 이렇듯 소셜미디어 플랫폼에서 '자기'는 만들어갈 수 있는 것이지만, 그것이 자기가 아닌 것은 아니라고 공통적으로 이야기한다. 즉 소셜미디어에 편집한 자신의 이미지를 구축하더라도 그것이 완전히 허무맹랑한 것은 아니다. 자신이 연출할 수 있는 다양한 모습 중 최선의 것만 모아놨을 뿐이다. 실현 가능성이 희박하게나마 존재하는 것이다.

이는 연구 참여자들이 선호하고 또 기대하는 뷰티 콘텐츠의 특성을 보여준다. 그것은 실현 가능성, 자신에게 적용할 수 있다는 가능성이다. 뷰티 크리에이터가 완벽할 정도로 아름다운 모습을 연출하는 화장법을 선보인다 할지라도 그것이 구독자에게 실현 가능성이 없다고 느껴지는 경우 그 콘텐츠는 실용적이지도 재미있지도 않은 콘텐츠로 여겨진다.

> 자기가 (얼굴형이) 엄청나게 사각인데, 이사배 같은 경우는… 이렇게 깎아놓으면 너무 예쁜 얼굴인데 이러면 안 보는 친구들도 있고. 자기랑 비슷한 유튜버를 찾아서 많이 보는 거 같아요. 피부 타입도 그렇고. (사례 가)

사례 가는 '자기 얼굴에 맞는' 화장법은 '자기 얼굴에서 예쁜 버전'을 가능하게 해주는 것이라고 설명한다. 뷰티 콘텐츠가 다양한 방법으로 메이크업하는 방법을 알려주지만, 실상 그렇게 똑같이 하기는 쉽지 않다. 연구 참여자들은 뷰티 콘텐츠를 볼수

록 이를 깨닫고 점차 자신과 비슷한 조건을 가진 유튜버를 보게
된다고 말한다.

　뷰티 크리에이터를 모방하고 그들이 소개하는 화장품을 사용
하면서 여성은 아름다움에 대한 욕망 및 그 실현 가능성과 자신
의 현실을 구분하기도 한다. 뷰티 크리에이터의 화장법을 학습
할 목적으로 처음 뷰티 콘텐츠를 접했던 때와 달리, 시간이 지날
수록 뷰티 크리에이터와 같아지거나 모방하기 위한 목적으로 뷰
티 콘텐츠를 보는 것은 아니다. 팬덤 실천의 일환이거나 아름다
운 것을 '감상'한다는 의미가 더 커진다.

　저는 배우고 싶다 그런 것보다는… 왜냐하면 할 엄두가 안 나니까.
이 사람과 내 도구는 확 틀리니까. 경제력도 너무 차이 나고. 절대
따라 할 수 없고. 이 사람의 손과 내 손은 다르다. 난 '똥손'이니까 그
냥 따라 할 생각은 거의 없어요, 전. 애초에 제가 이 화장을 따라 할
거라는 마음이 없어요. 기대가 없어요. 아니 이 많은 팔로우들을 절
대 출근 시간에 맞춰 할 그… 엄두가. 너무 귀찮고. 그냥 신기하다,
이러면서 뭔가 그날의 화장이 예뻐 보일 때는 어 이 제품 한번 사볼
까 하면서 스크린 캡처를 해놓는 거죠. 어, 이 색 되게 예쁜데 캡처
해놓고. 그런 거 해줄 때가 있거든요. 추천 제품, 봄에 좋은 립 컬러.
추천 제품 해가지고, 이런 거 보면 캡처해놓고 걸어가다 보이면 한

번 들어가서 발색해보고. 저는 그래요. 그 완벽한 피부 표현을 어떻게 하지? 그 사람의 툴도 없고 화장품도 없는데, 내가 이 화장품으로? 안 되죠…. (…) 보는 것만으로도 예쁘니까. (사례 사)

포니가 제가 생각할 때는 지금 유지 정도만 하고 있는데, 그런 이유가 많이 생기기도 생겼는데, 정말 저희가 할 수 없는 뭔가 예술의… 되게 일반적인 화장을 해도 그 사람은 돼도 저희가 하면, 일반 사람은 안 되는 거예요. 기술의 차이? 이런 게 점점 드러나니까. 그 사람도 되게 오래됐잖아요, 유튜버를 한 지가. 그러니까 처음에는 예쁘고 뭔가 내가 할 수도 있고 이렇게 생각했는데, 뭔가 그 사람은 점점 올라가고 나는 그냥 정말 섀도 한두 개로 그런 느낌을 내고 싶은 건데 그게 안 되고. 막 해도 똑같지도 않고 그러니까. 그냥 보는 건 재밌지만 내가 할 순 없는. 그러니까 다른 대안을 계속 찾는 거 같아요. 대학생 뷰티 유튜버라든가…. 겟레디위드미라고, 뭐 자기가 학교 나가기 전에 딱 시계 보여주면서 제가 9시까지 학교에 가야 되는데 지금 7시 반이니까 해보겠다고, 이렇게 해요. 그래서 저희끼리… 저희도 같이 보면서 어 그래 이제 얼마 남았어, 막 이러는데. 그런 거 보면 진짜 공감되잖아요. 화장이나 꾸밈이 특별한 어떤 것이 아니라 굉장히 일상화된, 자연스러운 느낌을 줄 때 좋은, 그냥 진짜 내 지인 이런 느낌. 포니나 그런 사람들은 아닌데, 이사배가 성공

한 이유도 그런 거 같아요. (사례 가)

사례 가와 사는 이사배나 포니 등과 같이 성공한 뷰티 크리에이터의 팬이고, 이들의 콘텐츠를 열심히 보고 관련 상품을 구매한다. 하지만 지금 실제로 자신이 하는 화장에 영향을 미치는 것은 자신과 비슷한 처지에 있는, 아침 수업을 들어야 하는 대학생 혹은 출근해야 하는 직장인의 뷰티 콘텐츠다. 성공한 유명 뷰티 크리에이터를 '절대 따라 할 수 없고', 따라 해봐도 '똑같지 않다'는 점은 연구 참여자들로 하여금 그들의 뷰티 콘텐츠로부터 자신을 상대화하게 만든다. 그리하여 따라갈 수 없는 아름다운 뷰티 크리에이터에게 골몰하면서도 현실을 고려한 아름다움의 실현 방안을 모색한다.

즉 뷰티 크리에이터가 수행하는 메이크업을 하기 위해서 얼마나 많은 시간과 다양한 상품 그리고 숙련된 화장 기술이 필요한지 알게 되는 것이다. 그리고 이를 통해 이상적 아름다움과 자기 자신이라는 현실적 아름다움을 구분하고, 이상적 아름다움의 비경제성과 비효율성 등에 대한 자기 나름대로의 거리 두기를 시작한다.

뷰티 콘텐츠 분야는 같은 꾸밈 분야라 해도 패션이나 헤어 등 다른 콘텐츠 및 문화에 비해 비교할 수 없을 만큼 크게 성장했고 또 강력한 팬덤까지 형성하고 있다. 그 이유는 특히 뷰티 콘텐츠의 경우 현실적 아름다움 추구라는 실용적 목적이 상대적으로 더 크기 때문이다. 따라서 뷰티 크리에이터의 전문성 혹은 아름다움에 대한 연구 참여자들의 거리 두기는 오히려 뷰티 콘텐츠 분야가 실용적 목적, 즉 자기 실현 가능성, 변화 가능성을 확인하는 장이라는 점을 잘 보여준다.

뷰티 빈도 조사하면서 애들한테 물어봤거든요, 코덕들한테. 막 왜 그러나. 한 명이 되게 슬픈 답변인데, 대한민국에서 63킬로 여자로 사는 거 너무 힘들다고. 옷이 안 맞는다고. 근데 화장품은, 내가 옷은 안 맞지만 화장품은 사면 안 어울릴 수는 있어도 할 수는 있다고 그러는 거예요. 진짜 그럴 수도 있겠다 싶었어요. 다들 몸이 다른데, 요즘 되게 작잖아요. 저도 작아요. 어깨가 부서질 것 같고. 진짜 작아요. 프리라고 하는데 저밖에 못 입을 거 같은 그런 거 있잖아요. (사례 사)

갈수록 더 외모지상주의가 심화된다는 생각을 했어요. 왜냐면 디폴트를 예전에는 비포에 뒀다면 지금은 애프터에 두는 거죠. 애프터로 여기까지 변할 수 있다면 그건 네 능력이 거기까지인 거지, 이런 느낌인데. 예전에는 네가 이런 둔갑술까지 쓴단 말이야? 이런 느낌이었으니까. 근데 아무래도 외형적인, 꼭 메이크업이 아니더라도 외모를 가꾸는 것에 대한 이야기가 점점 더 많이 나오고, 그런 것들을 조장하는 콘텐츠들도 엄청 많아져버렸기 때문에 그래서 더 그게 능력이 된 느낌이죠. (사례 라)

사례 사의 친구는 여성으로서 화장이 패션보다 자신에게 상대적으로 선택지가 더 많다는 생각에 코덕이 됐다. 매력적인 여성의 몸의 경우에는 이상적인 체형 및 체중이라 여겨지는 기준이 있는 반면, 화장은 그렇지 않다는 것이다. 사회적 기준에 따르면 63킬로그램의 여성은 패션을 통해 아름다움을 추구하기가 어렵다. 자신에게 어울릴 만한 다양한 선택지의 옷이 없기 때문이다. 마른 몸을 가진 사례 사 역시 요즘 판매되는 여성복은 자신에게도 작은 경우가 있다며, 자신의 친구가 왜 코덕이 될 수밖에 없었는지 충분히 공감된다고 말한다. 반면 화장품은 그 선택지가 다양하고, 화장법 역시 얼굴 모양이나 피부색 등 다양성에 따라 취사선택할 수 있다는 것이다.

사례 라는 괜찮은 얼굴을 만들 수 있는 것, 그것이 능력이자 또한 기본 자질로 여겨진다고 설명한다. 그리고 이 능력은 실제로 바뀌는 얼굴을 확인하는 것을 통해 증명되고 또 확인된다. 즉 뷰티 콘텐츠가 재미있는 것은 변화의 직접적 확인 덕분이다.

(코덕인 친구는) 그 변하는 게 되게 재밌대요. 자기 얼굴 변하는 게. 저도 한창 그게 재밌었던 것 같아요. 이렇게 하면 이렇게 변하네. 이 부분을 그렇게 하니까 이렇게 변하네. 신기하다. (사례 사)

사례 사는 좀 더 직접적으로 '변하는 게 재미있다'고 말한다. 본인뿐 아니라 이른바 코덕인 친구 역시 화장품 및 화장으로 인한 얼굴의 변화 자체가 가장 큰 즐거움의 한 요소라는 것이다. 뷰티 콘텐츠에서 가장 중요한 볼거리 중 하나는 바로 민낯에서 화장한 얼굴로의 변화 과정이다.

이 볼거리의 핵심은 '더 나아진다'는 데 있다. 연구 참여자들에게 '변화'는 정체되어 있지 않음, 나아가 더 나아질 수 있다는 가능성과 희망 그리고 그것을 위해 할 수 있는 것이 있다는 노력의 가능성까지 전부 포함된다. 사례 사의 이야기는 다음 인용문에서 사례 라가 얘기하는 뷰티 콘텐츠 팬의 '더 나아지고 싶다'는 공통된 희망, 목표 달성을 위한 경쟁 없는 독려와 응원을 더 잘 이해할 수 있게 해준다.

본인이 고민스러운 부분을 고민스럽지 않게 바꿔주는 그런 메이크업을 하는데, 그러면 또 나의 무쌍을 손봐줄 그런 게 있지 않을까 (하고 찾아보니) 이런 것도 있었고. 어쨌든 이것도 드라마틱하게 변하는 거니까요. 변화 과정을 보는 재미도 있는 것 같고. (…) 그 사람도 자기 콤플렉스를 고치고 싶어서 하는 거고 그걸 구독하는 사람이라면 나도 콤플렉스를 극복하고 싶고 외형적으로 더 나아지고 싶고 예뻐지고 싶다는 니즈가 있기 때문에 그걸 본다고 생각을 하거든요. 그렇지 않으면 볼 이유가 없으니까요. 나아지고 싶다는 생각을 공통적으로 갖고 있는데 나아진 사람이 있어, 너무 잘 나아졌어, 아 너무너무 잘됐다. 희망을 느끼는 경우도 있겠죠. 그 감정이 커지면 희망이라고 생각을 하는데, 다 같이 예뻐지고 싶어 하는. (사례 라)

사례 라는 정작 본인은 화장을 거의 하지 않지만, 뷰티 콘텐츠 속 변화하는 크리에이터 혹은 자신과 비슷한 처지의 여성을 보며 '만족감'을 느낀다고 말한다. 타인의 변화 과정을 보고 만족감을 느낀다는 이야기는 쉽게 이해할 수 없는 측면이 있다. 하지만 사례 라에게 그 '변화'에 성공한 여성은 일종의 롤 모델로 여겨진다. 사례 라는 그 변화가 기본적으로 자신과 비슷한 어려움을 가진 누군가가 그것을 극복하는 과정이기 때문에 자신에게 일종의 희망으로 다가온다고 말한다.

연구 참여자들의 이 같은 이야기는 그들이 놓여 있는, 혹은 인식하는 우리 사회의 일면을 보여준다. 이들에게 '화장'은 희망과 변화에 대한 확신이나 가능성이 거의 없는 정체된 사회에서, 외부의 영향력을 최소화한 상태로 상대적으로 적은 비용과 시간을 들여 뭔가를 바꾸어낼 수 있는 것 중 하나로 여겨진다. 즉 개인의 노력과 통제가 가능하다고 여겨지는 희소한 영역 중 하나다.

즉 연구 참여자들에게 뷰티 콘텐츠와 그 속에서 확인하는 변화의 가능성은 일종의 희망이며, 뷰티 크리에이터는 이를 대리하는 대상이다. 하지만 다들 알듯이 거의 모든 시간과 노력을 투여해 뷰티 콘텐츠를 만들어내는 뷰티 크리에이터의 수준을 그대로 따르기는 쉽지 않다. 연구 참여자들은 뷰티 콘텐츠를 보는 이유, 그 팬이 된 이유로 '아름다움'을 보는 데서 오는 쾌락과 뷰티 크리에이터 및 팬과의 연결, 놀이, 소통 등과 함께 변화, 희망에 대한 욕망을 이야기했다.

이때의 희망은 결코 도달할 수 없는, 허무맹랑한 것이 아니다. 그들에게서 확인한 변화에 대한 욕망은 굉장히 현실감 있는 것이다. 뷰티 콘텐츠를 처음 보기 시작할 때도, 또한 범접할 수 없는 전문 뷰티 크리에이터의 콘텐츠를 보면서도 자신에게 적용 가능한지 가늠하고 제 나름의 거리 두기를 한다. 예컨대 뷰티 콘텐츠에서 소개된 화장품을 구매하긴 하지만, 뷰티 크리에이터가 하는 것과 똑같이 되지 않을 것을 아는 것이다. 이는 '팬'으로서 잘 만들어진 콘텐츠를 향유하는 것인 동시에 '동지' 혹은 '동료'로서 함께 현실에 발붙인 변화의 가능성과 자기 한계 내의 실천을 모색할 수 있는 콘텐츠를 탐색하는 것이다. 뷰티 콘텐츠와 여기서 파생된 소비는 현실을 고려한 판타지 충족의 용도로 활용되는 셈이다. 그리고 이 과정에서 그 희박한 희망, 가능성을 달성하는 어떤 여성은 '대리만족'을 느낀다. 이 같은 과정을 통해 연구 참여자들은 자신의 몸에 대한 통제력을 스스로 실행함으로써 소소한 즐거움과 희망을 경험하고 있다.

변화하는
아름다움의
위상과 의미

요즘 여성에게 아름다움의 의미는 디지털 테크놀로지를 매개로 가능해진 '개인 여성'에 대한 상상력과 자기 인식 그리고 여성만의 커뮤니티 형성에 있다. 물론 그러한 여성만의 커뮤니티가 뷰티 콘텐츠를 중심으로 형성됐다는 점에서 한계를 드러내지만, 그 커뮤니티는 여성이 '개인'으로서 욕망을 실현하는 장이자 '여성'의 조형성을 실험하는 장으로 경험되고 있다. 신자유주의와 포스트페미니즘의 정서 속에서 여성은 개인 수준의 성취를 중요하게 생각하기 시작했다.[3] 이때 여성에게 아름다움은 단순히 미학적 인식의 수준을 넘어 실용적이고 실현 혹은 성취의 가능성을 가진 것으로 여겨진다.

많은 뷰티 콘텐츠가 재현하는 방식 그리고 뷰티 콘텐츠 이용자의 반응은 아름다운 외모가 마치 일상의 모든 행복감을 표현하는 수단인 것처럼 나타난다. 본 연구 참여자들이 주로 구독하는 성공한 뷰티 크리에이터의 인스타그램이나 유튜브 콘텐츠의 분위기와 그 댓글에서 드러나는 자신감, 자기 만족감은 화면을 통해 보이는 아름다운 외모에서 기인한다. 대표적으로 구독자의 외모 콤플렉스를 화장으로 보완해주는 라뮤끄의 성형외과 콘텐츠는 외모 콤플렉스가 더 행복한, 만족스러운 일상을 방해하는 요소임을 명시적으로 보여준다.

> 좋은 삶에는 좋은 음식, 예쁜 옷, 좋은 장소 이런 것처럼 그중 하나가 예쁜 얼굴, 이게 들어가는 거 같아요. 확실히 이런 것도 있어요. 친구 중에 외모 관심 많은 애 있는데, 필러는 맞은 지 2~3주 정도가 되면 안정이 된대요. 예쁜 모습이 되는 데까지 2~3주가 걸린대요. 내가 어떤 일이 2~3주 뒤에 있다 이러면 그때 맞춰서 맞는 거예요. 왜냐면 그날 가서 사진도 찍고 이렇게 해야 되니까. (사례 가)

사례 가와 연구 참여자들의 이야기에서 알 수 있듯이, 아름다운 외모는 삶의 질을 높이는 충분조건은 아니지만 필요조건으로 여겨진다. 좋은 삶의 질을 보여줄 때 괜찮은 얼굴은 필수 요소다. 좋은 장소, 좋은 음식, 예쁜 옷과 함께 예쁜 얼굴은 자기 전시 문화에서 자신이 잘 살고 있다는 것을 보여주는 하나의 도구다. 소비자본주의에서 개인의 성공, 높은 삶의 질은 주로 고액 연봉의 직업이나 집, 자동차 등의 자원을 척도로 한다. 명품 쇼핑이나 화려하게 인테리어된 집 안을 배경으로 자기 전시를 할 수 있는 사람은 소수에 불과하다. 그런데 화장품이나 트렌디하게 꾸민 외모 등 뷰티의 범주는 삶의 질을 다소 용이하게 표현할 수 있는 방법으로 여겨진다.

화장은 인테리어나 패션 등과 다르게 비교적 계층 차이가 거의 드러나지 않는 분야다. 화장품은 거의 무한한 수준의 다양한 외모 표현을 가능케 해주기 때문이다. 즉 적은 비용으로 삶의 질을 표현하는 것이 가능한 것이다. 이는 뷰티 콘텐츠의 높은 인기를 설명하는 이유가 되기도 한다.

'뷰티'는 특히 자신을 표현하는 다양한 수단 중 이른바 '가성비'가 좋은 편에 속한다. 가장 효율적인 아름다움의 추구와 실천이 뷰티 콘텐츠 소비 및 화장품 소비로 드러나는 것이다. 이는 뷰티 콘텐츠가 왜 유독 인기가 많은지를 설명해준다. 앞서 살펴봤듯, 아름다움의 실천은 화장품과 화장술을 활용한 아름다운 얼굴 만들기에 국한됨으로써 여성 내부의 계급 차, 사회적 격차를 거의 드러내지 않으면서도 자신의 삶의 질, 행복을 표현하는 수단이 된다. 여성들에게 화장은 일면 자기실현이라는 희망 및 실현 가능성에서 오는 기쁨과 힘 돋우기 그리고 효율성이라는 측면을 갖는 것이다.

하지만 이 희망은 미디어산업과 광고 마케팅의 결합을 통한 정보 습득, 소비를 통한 정보의 실현으로 이어지는 식으로 소비 시장 안으로만 국한되는 경향을 부인할 수 없다. 뷰티 유튜버 사례 C는 출산의 와중에도 화장품 파우치와 피부의 진정, 수딩(수분)이 중요하다고 말한다. 라뮤끄의 구독자는 그녀의 콘텐츠에 출연한 일반인 구독자가 겪는 외모 평가에 함께 분노하고, 콤플렉스 고민에 불필요한 고민이라며 적극적인 공감과 지지를 보내는 한편, 자신들이 가진 또 다른 외모 콤플렉스를 라뮤끄가 해결해주기를, 또는 적합한 화장품을 추천해주기를 바란다. 그리하여 포니가 출시하는 새로운 화장품은 하루도 안 돼 품절 사태를 맞는다.

배타적 여성 커뮤니티 환경에서 생산되는 변화의 가능성과 함께 여전히 이 커뮤니티의 유지는 화장과 성형 등의 미용산업을 매개로 한다는 점에서 분명한 한계를 드러낸다. 뷰티 콘텐츠를 통해 형성된 여성 커뮤니티는 아름다움에 대한 다양한 의미화 작용과 함께 여전히 안정된 여성의 정체성 확립을 위한 요소로서의 아름다움이라는 인식을 승인하고, 재차 여성의 아름다움을 향한 욕망을 안정화한다.

디지털미디어 세계에서 '아름다움'과 관련한 종류의 수사를 획득하는 것은 그 자체로 꽤 괜찮은 여성으로서의 존재를 증명하는 중요한 방식이 되고 있다. 소셜미디어는 평가와 감시의 공간인 동시에, 자신의 편집된 이미지와 관련해 전시, 선택, 상품 등에 관한 강력한 통제를 행사할 수 있는 공간이다. 실제로 여성은 이미지 변형과 유튜버 등에게서 얻는 각종 뷰티 정보의 실천 등을 통해 스스로를 정의하고자 하는 욕망을 실현하고 있다. 또한 이들은 자신의 커뮤니티 내에서 아름다움에 관한 규범을 만들어 나가고 재강화하며, 공유된 규범을 승인하거나 불승인하는 주체이기도 하다.

동시에 디지털 공간에서 여성 이용자의 몸은 기술과 소비자본의 결합 속에 조형적이고 변형 가능한 것으로 전제된다. 이 과정에서 실제로 여성은 긍정적 경험을 한다. 하지만 여성의 몸은 점차 더 많은 정보를 부착해야 하는 대상이 된다. 각종 정보를 수집하고 그 정보를 적용해야 할 부분은 턱, 광대, 콧대, 콧방울, 눈 길이, 눈 크기, 쌍꺼풀을 비롯해 눈썹 길이, 눈두덩이, 관자놀이, 인중, 미간, 이마, 볼, 나아가 피부색과 얼굴형, 헤어라인 등 세부 영역으로 확장된다. 그리고 각 부위는 세심하게 관찰하고 평가해야 할 필요가 있는 곳으로 재발견되며, 각각 적합하다고 여겨지는 모양으로 바뀌어야 하는 대상이 된다.

결과적으로 이들 여성의 아름다움은 디지털 소비자본주의하의 여성 개인의 아름다움에 대한 욕망에 기여한다. 고도로 발전한 이미지 편집 기술과 평판에 기댄 소셜미디어 문화 속에서 이상화된, 현실에 없을 아름다움이 디지털 기술을 관통하며 실현 가능한 것으로 제시되고 있다. 또한 뷰티 팬덤 내에서 여성은 기술이 만들어내는 가상의 아름다움을 이미지 보정, 화장, 성형 등을 통해 스스로 체현해 보이는 주체가 된다. 연구 참여자들의 아름다움에 대한 인식과 실천은 디지털미디어와 소셜네트워크 내에서 성별화된 디지털 시민으로서 여성 이용자의 위치를 드러낸다. 여성의 몸에 관한 다양한 정보 접근성과 그 실천 가능성에서 얻게 되는 자유와 즐거움은 자기 통제와 검열, 상호 평가와 분리될 수 없다.

epilogue ————————————————————————————————

동시대의 아름다움은 여러 얼굴을 하고 있다. 이 아름다움은 K-팝과 K-뷰티로 대표되는 한류의 글로벌 팬덤, 점차 어려지는 뷰티산업의 소비자, 소셜미디어를 통한 경쟁적 과시, 나아가 모든 꾸밈 노동을 거부하는 온라인 탈코르셋 운동에 이르기까지 다양한 지점에 존재한다. 그리고 이러한 다양성 속에서 서구적 아름다움을 상대화하고 아시아적, 한국적 아름다움을 재창출하는 모습으로도, 디지털 자본주의 시장의 고부가가치 상품으로도, 성별화된 자기 계발과 여성의 지식 생산 및 연대 등의 모순적 모습으로도 나타난다.

이 책은 이같이 복잡하고 모순적인 동시대 아름다움의 얼굴을 가능한 한 입체적으로 살펴보고자 했다. 특히 동시대 아시아 여성의 일상 및 문화 전반에 미치는 영향력과 변화의 한가운데 아름다움이 중요한 요소로 자리한다는 점에 주목해 한국 디지털 세대 여성의 경험과 뷰티 콘텐츠 그리고 K-뷰티의 초국적 팬덤을 중심으로 아시아의 미를 탐색했다. 오늘날 아름다움의 형식과 내용, 범주를 형성하는 데 디지털미디어가 중요한 영향을 미친다는 것에 중점을 두고 초국적 네트워크와 디지털 문화 콘텐츠를 매개로 한 아시아의 아름다움에 관한 여성의 경험과 인식을 살펴보려 했다. 또한 여성과 아름다움의 배타적 관계와 아시아 여성의 아름다움, 아시아적 외양과 꾸밈에 대한 여성의 인식과 그 의미를 탐색하고자 했다.

지금 아시아, 특히 한국 여성의 아름다움을 둘러싼 경험과 인식을 분석하는 것은 온라인 공간을 중심으로 형성, 공유되는 디지털 테크놀로지가 매개될 때 아름다움의 정의와 그 내용, 의미와 쓰임이 어떻게 달라지는지를 밝힌다는 점에서 의미가 있다. K-뷰티에 관한 많은 온라인 콘텐츠는 서구의 정확히 반대편에 있는 아시아나 단일한 아시아라는 정체성에 관한 다양한 질문과 의문을 제기할 기회를 제공한다. 현재 K-뷰티 팬덤 내에서는 한국이 마치 아시아 전부를 대표하는 것처럼 여겨지는 경향에 대한 비판과 동질적 집단으로 묶이는 아시안 범주에 대한 보다 심도 깊은 문제의식 그리고 '한국적인 것'에 관한 개입이 일어나고 있다. 이때 K-뷰티의 아름다움, 즉 한국적 아름다움은 지역적 맥락에서 재해석되고 재창출된다. 예컨대 한국식 화장품의 사용과 화장법에 대한 해석과 재해석, 덜어내거나 더하는 등의 과정을 통해 K-뷰티는 결과적으로 지역성과 결합하는 혼종적 성격을 띤 아름다움으로 재생산된다.

그뿐만 아니라 온라인상에 초국적 여성의 얼굴, 다양한 화장술 등 아름다움의 참조 대상이 많아지면서 아름다움의 기준과 해석의 다양화에 기여하는 측면도 있다. 더불어 아름다움의 지역성도 점차 중요해지고 있다. 이는 개인이 직접 사용하고 또 그 경험을 공유하는 온라인 콘텐츠와 개인화된 미디어의 용례에 따라 실제 바로 적용 가능한 실용적 아름다움이 채택되는 경향에 따른 것이기도 하다. 초국적 네트워크를 통한 다양한 인종의 외모와 아름다움을 실천하는 방식을 접하는 동시에 이용자가 좋아할 것 같은 정보, 위치에 기반한 정보 등을 추천하는 소셜미디어의 알고리즘에 따라 지역의 '아름다운' 여성을 더 빈번하게 접하게 되면서 기존의 서구적 스탠더드에 따른 인종 위계적 외모의 우열이 아니라 각기 더 적합한 아름다움의 방법이 따로 적용되는 '차이'라는 점이 부각되는 것이다.

온라인 네트워크를 통한 초월적, 횡단적 아름다움이 글로벌 스탠더드로서 서구적 아름다움의 상대화와 아시아적 아름다움의 가시화, 한국적 아름다움의 재해석과 재창출의 측면을 보여준다면, 한국 여성의 셀피 문화에서 보이는 디지털 테크놀로지를 매개한 조형성은 여성성과 아름다움의 배타성에 관한 비틀기를 보여준다. 다양한 카메라 앱과 이미지 보정 프로그램 그리고 아름다움에 관해 넘쳐나는 정보는 더 이상 아름다운 외모를 타고난 것, 고유한 것이라기보다 획득할 수 있는 것으로 만들어준다. 이미지의 변형과 복제가 오히려 자연화되고, 정보를 충분히 수집해 이를 통해 변형함으로써 아름다움은 달성 가능한 것으로 여겨진다.

이 같은 조형적이고 변형 가능한 아름다움은 기존의 여성성을 해체하고 재구성하기도 한다. 여성의 얼굴은 비포에서 애프터 사이의 무수한 과정 모두를 포함하는 것이 됐고, 고유의 여성성으로 여겨지던 아름다움은 여성성과 다소 결별하면서 여성성과 아름다움의 배타적 관계를 탈자연화했다. 여성이기 때문에 아름다움을 내재한 것이 아니라, 누구라도 적절한 기술과 상품을 통해 구현할 수 있다는 것이다. 이 같은 아름다움에 대한 상대적 인식과 또한 아름다움에 대한 성별화된 관심이라는 겉으로 보기에는 상반적 현상은 여성 간의 일상적, 감정적 네트워크를 공고하게 형성하고, 나아가 탈코르셋 등 온라인 페미니즘 운동이라는 정치적 네트워크로 확장되기도 한다.

이 같은 점들은 꽤나 긍정적이지만, 뷰티 콘텐츠와 그 팬덤 분석을 통해 살펴봤듯, 아름다움은 실상 소비자본주의와 디지털

자본주의의 구조 속에 놓여 있다. 뷰티 콘텐츠는 고급 뷰티 정보에 접근할 수 있도록 해주는 동시에, 아름다움에 대한 다양한 기준과 방법을 가시화했다. 또한 뷰티 콘텐츠의 대중적 인기와 뷰티 크리에이터의 팬덤은 아름다움의 범주를 일상의 전반으로 확장했다. 자기 전시를 통한 소셜네트워킹이라는 미디어 리터러시에 따라 일상화한 아름다움의 실천적 필요성과 더불어 관련한 소비시장 역시 확대됐다. 일상의 아름다움을 위한 소비적 실천은 소비자본주의나 성별화된 실천으로 의미화되기보다는 건강하고 주체적인 질 높은 삶과 더 높은 관련성을 가진 것으로 이해된다.

나아가 이는 아름다움이 여성에게 노동이기도 하다는 점을 더욱 노골화하기도 한다. 아름다움을 실현하는 직업, 대표적으로 뷰티 크리에이터는 창의적이고 자기 표현적이며 자기실현적인 노동자로 여겨진다. 현실적으로 이 같은 노동의 영역은 여전히 여성화되어 있는 경향이 높은데, 오늘날 이 노동이 새롭게 입은 창의성, 자기 표현적이라는 외피는 성별화된 노동의 영역이라는 점을 잘 가려버린다.

아름다움에 관한 서구적 기준의 상대화와 지역적 아름다움의 다양화, 조형성을 통한 여성적 아름다움의 해체 등은 그 자체로 의미 있는 변화이며, 아름다움의 정의와 내용을 더 풍부하게 하는 것이다. 아름다움에 대한 여성의 개별화된 노동과 이에 대한 압력 그리고 성별화된 평가가 사라지지 않은 채 감성이나 취향의 차원으로 의미 전환이 이루어지는 상황에서 이 같은 변화가 긍정적이라고만 말하기에는 뒷맛이 쓰다. 다만 아름다움에 대한 여성의 모순적이고 복잡한 경험과 인식이 오늘날 아시아 여성으로서, 그리고 정치경제적 맥락 속에 놓인 한국의 청년으로서 그들이 이 시대에 가지는 욕망과 희망, 체념, 타협의 지점을 드러냈다는 점에서 이 연구의 의의를 찾고 싶다.

주

prologue

1 2020년 현재 구독 수가 높은 상위 10위 내 유튜버나 채널 개설일에 따라
   구독자 수 차이가 있다.

1. 디지털 시대의 여성과 아름다움 탐색하기

1 Brumberg, J. J., *The body project: An intimate history of American
   girls, Vintage, 1998; Frost, L., Young women and the body: A feminist
   sociology*, Springer, 2001.

2 Wolf, N., *The beauty myth: How images of beauty are used against
   women*, Random House, 1991; Bordo, S., *Unbearable weight: Feminism,
   Western culture, and the body*, Univ of California Press, 2004; Felski,
   R., *The gender of modernity*, Harvard University Press, 1995; 한서설아,
   《다이어트의 성정치》, 책세상, 2000; Harris, A., *Future Girl*, Routledge,
   2004; Bartky, Sandra Lee. "Foucault, Femininity and the Modernization
   of Patriarchal Power." *Feminism and Foucault: Reflections on Resistance*,

by Irene Diamond, Northeastern Univ. Press, 1988; 태희원, 〈'즉각적인 몸 변형' 기술로서의 미용성형과 몸 관리의 정서〉, 《젠더와 문화》 5-2, 2012; Gill, R. and Scharff, C., New femininities: postfeminism, neoliberalism, and subjectivity, New York, 2013: Palgrave Macmillan Gill, Rosalind, "Post-postfeminism?: New Feminist Visibilities in Postfeminist Times," *Feminist Media Studies*, 16-4, 2016.

3   Wolf, N., *The beauty myth: How images of beauty are used against women*, Random House, 1991; Bordo, S., *Unbearable weight: Feminism, Western culture, and the body*, Univ of California Press, 2004; 한서설아, 《다이어트의 성정치》, 책세상, 2000; Bartky, Sandra Lee. "Foucault, Femininity and the Modernization of Patriarchal Power." *Feminism and Foucault: Reflections on Resistance*, by Irene Diamond, Northeastern Univ. Press, 1988; 임인숙, 〈한국 사회의 몸 프로젝트: 미용성형산업의 팽창을 중심으로〉, 《한국사회학》 36-3, 2002; 이소희, 〈몸 정치학: '날씬한 몸' 만들기의 수행성과 주체성의 역학〉, 《젠더와 사회》 7, 2008; 태희원, 〈'즉각적인 몸 변형' 기술로서의 미용성형과 몸 관리의 정서〉, 《젠더와 문화》 5-2, 2012; Gill, R. and Scharff, C., New femininities: postfeminism, neoliberalism, and subjectivity, New York, 2013: Palgrave Macmillan Gill, Rosalind, "Post-postfeminism?: New Feminist Visibilities in Postfeminist Times," *Feminist Media Studies*, 16-4, 2016.

4   임인숙, 〈한국 사회의 몸 프로젝트: 미용성형산업의 팽창을 중심으로〉, 《한국사회학》 36-3, 2002.

5   미셸 푸코 지음, 오생근 옮김, 《감시와 처벌》, 나남, 1994.

6   한서설아, 《다이어트의 성정치》, 책세상, 2000; 김기범·차영란, 〈여성의 화장을 통한 미(美)와 자기개념의 사회문화적 의미 분석〉, 《한국심리학회지: 여성》 11-1, 2006.

7   김주현, 《외모 꾸미기 미학과 페미니즘》, 책세상, 2009; Tyner, K., & Ogle,

J. P., "Feminist perspectives on dress and the body: An analysis of Ms. Magazine, 1972 to 2002," *Clothing and Textiles Research Journal*, 25-1, 2007.

8   Featherstone, M., *Body, image and affect in consumer culture*, Body, 2010.

9   Bordo, S., *Unbearable weight: Feminism, Western culture, and the body*, Univ of California Press, 2004.

10 임인숙, 〈외모 차별 사회의 성형 경험과 의향〉, 《한국여성학》 20-1, 2004.

11 Wolf, N., *The beauty myth: How images of beauty are used against women*, Random House, 1991; Featherstone, M., *Body, image and affect in consumer culture*, Body, 2010; Nayak, A. & Kehily, J., ch. 4. *Relations in Late-Modernity: Young Femininities and the New Girl Order from Youth and Culture: Young Masculinities and Femininities, Basingstoke* (England); New York: Palgrave Macmillan, 2008; 임인숙, 〈외모 차별 사회의 성형 경험과 의향〉, 《한국여성학》 20-1, 2004; 임인숙, 〈한국 사회의 몸 프로젝트: 미용성형산업의 팽창을 중심으로〉, 《한국사회학》 36-3, 2002; 태희원, 〈'즉각적인 몸 변형' 기술로서의 미용성형과 몸 관리의 정서〉, 《젠더와 문화》 5-2, 2012.

12 Wolf, N., *The beauty myth: How images of beauty are used against women*, Random House, 1991, pp.132.

13 Nayak, A. & Kehily, J., ch. 4. *Relations in Late-Modernity: Young Femininities and the New Girl Order from Youth and Culture: Young Masculinities and Femininities, Basingstoke* (England); New York: Palgrave Macmillan, 2008; McRobbie, Angela, *Aftermath of feminism*, SAGE, 2009; Gill, R. and Scharff, C., New femininities: postfeminism, neoliberalism, and subjectivity, New York, 2013: Palgrave Macmillan Gill, Rosalind, "Post-postfeminism?: New Feminist Visibilities in Postfeminist

Times," *Feminist Media Studies*, 16-4, 2016.

14 리대룡·김희정, 〈잡지 광고의 여성 역할 이미지 및 그 변천에 관한 내용 분석〉,《광고연구》26, 1995; 정기현, 〈텔레비전 광고 속의 여성성과 남성성〉,《한국방송학보》9, 1997; 윤태일, 〈여성의 날씬한 몸에 관한 미디어 담론 분석〉,《한국언론학보》48-4, 2004; 문주향·박명희, 〈여성잡지에 나타난 화장품 광고 분석〉,《한국미용학회지》13-3, 2007; 홍지아, 〈TV 드라마를 통해 재현된 여성의 몸 담론〉,《한국언론정보학보》49, 2010; 태희원, 〈'즉각적인 몸 변형' 기술로서의 미용성형과 몸 관리의 정서〉,《젠더와 문화》5-2, 2012; 김수현·배현숙, 〈매스미디어를 통한 사회문화적 외모 태도가 여성의 미용성형 의도에 미치는 영향〉,《한국미용학회지》20-2, 2014; 오세정, 〈광고를 통한 여성의 아름다움에 대한 수용자 인식 연구〉,《주관성연구》36, 2017; 여민구·이미나, 〈미디어 노출과 대인 커뮤니케이션이 20대 여성의 신체 만족도와 외모 관리 행동에 미치는 영향〉,《미디어, 젠더&문화》33-3, 2018.

15 홍지아, 〈TV 드라마를 통해 재현된 여성의 몸 담론〉,《한국언론정보학보》49, 2010.

16 손은정, 〈여대생의 성형수술 경험 및 성형수술 만족 여부에 따른 심리사회적 특성의 차이〉,《한국심리학회지: 여성》16-1, 2011; 태희원, 〈'즉각적인 몸 변형' 기술로서의 미용성형과 몸 관리의 정서〉,《젠더와 문화》5-2, 2012; 임인숙, 〈외모 차별 사회의 성형 경험과 의향〉,《한국여성학》20-1, 2004; 정주원, 〈몸의 소비문화적 의미와 현상에 대한 고찰〉,《소비문화연구》9-1, 2006.

2. '디지털 심미안'을 구성하는 아름다움의 개념

1 Manovich, Lev., *Software takes command: extending the language of new media*, New York: London: Bloomsbury, 2013.

2   Chun, Wendy Hui Kyong, *Programmed visions software and memory*,
    Cambridge, Mass.: MIT Press, 2011.

3   Balsamo, A., *Technologies of the gendered body: reading cyborg women*,
    Durham: Duke University Press, 1996.

4   Featherstone, M., *Body, image and affect in consumer culture*, Body, 2010;
    Warren-Crow, 2014.

5   Wolf, N., *The beauty myth: How images of beauty are used against
    women*, Random House, 1991; Bordo, S., *Unbearable weight: Feminism,
    Western culture, and the body*, Univ of California Press, 2004; Gill,
    R. and Scharff, C., New femininities: postfeminism, neoliberalism, and
    subjectivity, New York, 2013: Palgrave Macmillan Gill, Rosalind, "Post-
    postfeminism?: New Feminist Visibilities in Postfeminist Times," *Feminist
    Media Studies*, 16-4, 2016.

6   Wolf, N., *The beauty myth: How images of beauty are used against
    women*, Random House, 1991, pp.12.

7   Balsamo, A., *Technologies of the gendered body: reading cyborg women*,
    Durham: Duke University Press, 1996; 임소연, 〈성형외과의 몸-이미지와
    시각화 기술〉,《과학기술학연구》11-1, 2011; 태희원, 〈'즉각적인 몸 변형'
    기술로서의 미용성형과 몸 관리의 정서〉,《젠더와 문화》5-2, 2012.

8   Manovich, Lev., *Software takes command: extending the language of new
    media*, New York: London: Bloomsbury, 2013, pp.44-46.

9   김현미,《글로벌 시대의 문화 번역》, 또하나의문화, 2005

10 https://www.buzzfeed.com/laurenpak/10-of-the-best-asian-beauty-
    youtubers-1z1l6?utm_term=.mbPGnPpog#.hiBkVRpXL.

11 https://www.popsugar.com/beauty/Asian-Beauty-Bloggers-37950167.

12 https://www.vogue.com/article/korean-models-beauty-secrets-

mother-daughter-skincare-seoul-fashion-week.

13 https://psmag.com/news/how-asian-beauty-replaced-french-beauty-
for-american-aesthetes.

14 김현미, 《글로벌 시대의 문화 번역》, 또하나의문화, 2005.

15 홍석경, 〈세계화 과정 속 디지털 문화 현상으로서의 한류: 프랑스에서
바라본 한류의 세계적 소비에 대한 이론적 고찰〉, 《Journal of
Communication Research》 50, 2013.

16 홍석경, 〈세계화 과정 속 디지털 문화 현상으로서의 한류: 프랑스에서
바라본한류의 세계적 소비에 대한 이론적 고찰〉, 《Journal of
Communication Research》 50, 2013.

17 Hayles, K., *how we became posthuman: Virtual Bodies in Cybernetics,
Literature, and Informatics*, the University of Chicago Press, 1999.

18 Balsamo, A., *Technologies of the gendered body: reading cyborg women*,
Durham: Duke University Press, 1996.

19 Marwick, Alice, *Status Update*, Yale University Press, 2013.

20 Thayne, Martyn, *Friends like mine: The production of socialised
subjectivity in the attention ecoomy*, Culture Machine 13, 2012; Fuchs,
C. & Sandoval. M., *Critique, Social Media and the Information Society*,
Routledge, 2014; Gehl, Rovert. W., *Reverse engineering social media:
software, culture, and political economy in new media capitalism*,
Philadelphia, Pennsylvania: Temple University Press, 2014.

21 Andrejevic, M., The work that affective economics does. *Cultural studies*,
25(4-5), 2011, pp. 604-620.

22 Turner, G., *Ordinary people and the media: The demotic turn*. SAGE, 2006

23 "지난해 10월부터 올해 3월까지 6개월간 뷰튜버(뷰티+유튜버)들의 사랑을
받은 화장품의 특징은 뭘까. 뷰티 영상 큐레이션 앱 잼페이스는 해당

기간 유튜브에 공개된 12만 9011건의 국내 뷰튜버 영상에서 6942개 브랜드의 10만 5614개 화장품 데이터를 분석했다. (⋯) 세 제품이 모두 음영을 통해 얼굴의 입체감을 표현하는 색조 제품이라는 점도 유튜브라는 채널에 최적화됐다는 분석이다. 모니터를 통해 접하는 콘텐츠의 특성상 피부 결을 표현하는 파운데이션, 팩트 등은 한계가 있다는 것이다. 하지만 색조 제품의 경우 화면을 통해 보더라도 차이를 명확하게 인지할 수 있어 뷰튜버들이 활용하기에 좋은 아이템이라는 설명이다. 위 세 가지 제품 외에도 전체 순위 20위권에 오른 제품 중에는 아이섀도, 마스카라, 아이브로펜슬 등 메이크업 전후의 변화를 명확하게 인지할 수 있는 제품이 70퍼센트로 압도적인 비중을 차지했다." 출처: 이미경, 〈뷰튜버 픽한 10만 개 화장품, 3가지 이유 있다〉, 《한경》 2020년 4월 24일.

24 Featherstone, M., *Body, image and affect in consumer culture*, Body, 2010.

3. 뷰티 콘텐츠와 팬덤 그리고 아름다움 시장

1   김애라, 〈탈코르셋, 겟레디위드미(#getreadywithme): 디지털 경제의 대중화된 페미니즘〉, 《한국여성학》 35-3, 2019.

2   Marwick, Alice, *Status Update*, Yale University Press, 2013.

4. 디지털 심미안을 둘러싼 여성의 경험 세계, 일상과 노동

1   이 글은 다음 논문 일부를 수정한 것이다. Kim, A., "Gender and labor ethics in aesthetic labor: Female students of specialized vocational home economics high schools in Korea", *Asian Journal of Women's Studies*, 24(3), 2018, pp.342-367.

2   패션 및 뷰티 산업과 같은 문화와 소비가 교차하는 영역은 대학생을 포함한 청년 세대에게서 광범위하게 선호되는 분야다(김예란, 2015). 뷰티 및 패션

산업 중에서도 청년 세대가 선호하는 노동 분야는 크게 디자인, 마케팅, 판매, 상담 등을 포함한 서비스직(네일케어, 미용사, 메이크업 종사자 등)으로 나뉜다.

3   허재준, 〈한국경제 서비스화가 양질의 일자리 창출로 이어지기 위해서는 무엇이 필요한가?〉,《노동리뷰》27, 2007.

4   임도연, 〈한류문화 발전에 미치는 한국 메이크업 산업: K-Beauty의 현재와 미래〉,《문화산업연구》15-4, 2015.

5   Li, L., Ahn, C., Narantuya, L., Park, S., & Zhao, X., "Analysis of the current state and the curriculum of beauty related higher education programs in Korea," *Journal of the Korean Society of Clothing and Textiles*, 40-2, 2016.

6   Nickson, D., Warhurst, C., & Dutton, E, *Aesthetic labour and the policy-making agenda: time for a reappraisal of skills?*, 2004.

7   심선희, 〈여성노동의 새로운 분석도구로서 심미노동의 개념과 유용성 탐색〉,《한국여성학》33-4, 2017.

8   Rodgers, D., *The work ethics in industrial America: 1850~1920*, Chicago: University of Chicago Press, 1978, pp.181.

9   Hochschild, A. R., *The managed heart: Commercialization of human feeling*, Berkeley: University of California Press, 1983; Freedman, C., *High tech and high heels in the global economy: Women, work, and pink-collar identities in the Caribbean*, Durham: Duke University Press, 2000; Weeks, K., *The problem with work*, Durham: Duke University Press, 2011.

10 Gray, A., Enterprising "femininity: New modes of work and subjectivity," *European Journal of Cultural Studies*, 6-4, DOI: https://doi.o rg/10.1177/13675494030064003, 2003.

11   McRobbie,, *Be Creative*, Polity , 2016.

12   이 글은 다음 논문 일부를 수정, 보완한 것이다. 김애라, 〈'탈코르셋',
     겟레디위드미(#getreadywithme): 디지털 경제의 대중화된 페미니즘〉,
     《한국여성학》35-3, 2019.

13   Harris, A., *Future Girl*, Routledge, 2004; McRobbie, Angela, *Aftermath
     of feminism*, SAGE, 2009; Gill, R. and Scharff, C., New femininities:
     postfeminism, neoliberalism, and subjectivity, New York, 2013; Palgrave
     Macmillan Gill, Rosalind, "Post-postfeminism?: New Feminist Visibilities
     in Postfeminist Times," *Feminist Media Studies*, 16-4, 2016; 김애라, 〈십대
     여성의 디지털 노동과 물질주의적 소녀성〉,《한국여성학》32-4, 2016.

5. 여성 주체의 디지털 심미안이 내포한 모순과 가능성

1   김영옥, 〈여성주의 관점에서 본 촛불집회와 여성의 정치적 주체성〉,
    《아시아여성연구》48-2, 2009; 이솔, 〈2, 30대 여성들의 정치 참여 경험을
    통해 본 여성 주체성에 관한 연구: 온라인 '여성 삼국' 커뮤니티 회원들의
    활동을 중심으로〉, 이화여자대학교 여성학과 석사학위논문, 2011.

2   김애라, 〈십대 여성의 디지털 노동과 물질주의적 소녀성〉,《한국여성학》
    32-4, 2016; 김애라, 〈탈코르셋, 겟레디위드미(#getreadywithme): 디지털
    경제의 대중화된 페미니즘〉,《한국여성학》35-3, 2019.

3   Duffy, B. E., *(Not) getting paid to do what you love: Gender, social media,
    and aspirational work*, Yale University Press, 2017.

참고 문헌

국내 자료

김주현,《외모 꾸미기 미학과 페미니즘》, 책세상, 2009

김현미,《글로벌 시대의 문화 번역》, 또하나의문화, 2005

돈 탭스콧 지음, 김종량 옮김,《디지털 경제: 네트워크 시대의 가능성과 한계》,
　　　창현, 1997

미셸 푸코 지음, 심세광·전혜리·조성은 옮김,《생명관리정치의 탄생:
　　　콜레주드프랑스 강의 1978~79년》, 난장, 2012

＿＿＿＿＿＿＿, 오생근 옮김,《감시와 처벌》, 나남, 1994

프레이저 지음, 앨리 옮김,《생각조종자들》, 알키, 2011

한서설아,《다이어트의 성정치》, 책세상, 2000

헨리 젠킨스 지음, 김정희원·김동신 옮김,《컨버전스 컬쳐》, 비즈앤비즈, 2008

김기범·차영란,〈여성의 화장을 통한 미(美)와 자기개념의 사회문화적 의미 분석〉,
　　　《한국심리학회지: 여성》11-1, 2006

김수현·배현숙,〈매스미디어를 통한 사회문화적 외모 태도가 여성의 미용성형
　　　의도에 미치는 영향〉,《한국미용학회지》20-2, 2014

김애라,〈탈코르셋, 겟레디위드미(#getreadywithme): 디지털 경제의 대중화된
　　　페미니즘〉,《한국여성학》35-3, 2019

＿＿＿,〈십대 여성의 디지털 노동과 물질주의적 소녀성〉,《한국여성학》32-

4, 2016

김영옥, 〈여성주의 관점에서 본 촛불집회와 여성의 정치적 주체성〉,
《아시아여성연구》 48-2, 2009

김예란, 〈디지털 창의노동: 젊은 세대의 노동 윤리와 주체성에 관한 한 시각〉,
《한국언론정보학보》 69, 2015

리대룡·김희정, 〈잡지 광고의 여성 역할 이미지 및 그 변천에 관한 내용 분석〉,
《광고연구》 26, 1995

문주향·박명희, 〈여성잡지에 나타난 화장품 광고 분석〉, 《한국미용학회지》 13-3,
2007

서동진, 〈혁신, 자율, 민주화… 그리고 경영: 신자유주의 비판 기획으로서 푸코의
통치성 분석〉, 《경제와 사회》, 2011

손은정, 〈여대생의 성형수술 경험 및 성형수술 만족 여부에 따른 심리사회적
특성의 차이〉, 《한국심리학회지: 여성》 16-1, 2011

심선희, 〈여성노동의 새로운 분석도구로서 심미노동의 개념과 유용성 탐색〉,
《한국여성학》 33-4, 2017

여민구·이미나, 〈미디어 노출과 대인 커뮤니케이션이 20대 여성의 신체 만족도와
외모 관리 행동에 미치는 영향〉, 《미디어, 젠더&문화》 33-3, 2018

오세정, 〈광고를 통한 여성의 아름다움에 대한 수용자 인식 연구〉, 《주관성
연구》 36, 2017

윤태일, 〈여성의 날씬한 몸에 관한 미디어 담론 분석〉, 《한국언론학보》 48-4, 2004

이소희, 〈몸 정치학: '날씬한 몸' 만들기의 수행성과 주체성의 역학〉, 《젠더와 사회》
7, 2008

이솔, 〈2, 30대 여성들의 정치 참여 경험을 통해 본 여성 주체성에 관한 연구:
온라인 '여성 삼국' 커뮤니티 회원들의 활동을 중심으로〉, 이화여자대학교
여성학과 석사학위 논문, 2011

임도연, 〈한류문화 발전에 미치는 한국 메이크업 산업: K-Beauty의 현재와 미래〉,
《문화산업연구》 15-4, 2015

임소연, 〈성형외과의 몸-이미지와 시각화 기술〉, 《과학기술학연구》 11-1, 2011

임인숙, 〈외모 차별 사회의 성형 경험과 의향〉, 《한국여성학》 20-1, 2004

_____, 〈한국 사회의 몸 프로젝트: 미용성형산업의 팽창을 중심으로〉,

《한국사회학》 36-3, 2002

정기현, 〈텔레비전 광고 속의 여성성과 남성성〉, 《한국방송학보》 9, 1997

정주원, 〈몸의 소비문화적 의미와 현상에 대한 고찰〉, 《소비문화연구》 9-1, 2006

태희원, 〈'즉각적인 몸 변형' 기술로서의 미용성형과 몸 관리의 정서〉, 《젠더와
　　　문화》 5-2, 2012

허재준, 〈한국경제 서비스화가 양질의 일자리 창출로 이어지기 위해서는 무엇이
　　　필요한가?〉, 《노동리뷰》 27, 2007

홍석경, 〈세계화 과정 속 디지털 문화 현상으로서의 한류: 프랑스에서 바라본
　　　한류의 세계적 소비에 대한 이론적 고찰〉, 《Journal of Communication
　　　Research》 50, 2013

홍지아, 〈TV 드라마를 통해 재현된 여성의 몸 담론〉, 《한국언론정보학보》 49, 2010

〈먹거리, 찍히면 팔린다: 인스타그램 등 사진 SNS, 식품·외식 새 마케팅 수단으로〉,
　　　《한국경제》 2015년 9월 17일

〈뷰튜버 픽한 10만 개 화장품, 3가지 이유 있다〉, 《한경닷컴》 2020년 4월 24일

〈진화하는 SNS 마케팅〉, 《중앙일보》 2015년 9월 22일

〈한국 여성이 처한 어려움의 9가지 유형〉, 《한겨레》 2018년 7월 5일

해외 자료

Balsamo, A., *Technologies of the gendered body: reading cyborg women*,
　　　Durham: Duke University Press, 1996

Baym, N. K., *Personal connections in the digital age*, Cambridge, UK: Wiley-
　　　Blackwll, 2010

　　　　　　, *The emergence of on-line community*, In S. Jones (Ed.),
　　　Cybersociety 2.0: Revisiting computer-mediated community and
　　　technology, Thousand Oaks, CA: SAGE, 1998

Bordo, S., *Unbearable weight: Feminism, Western culture, and the body*, Univ of
　　　California Press, 2004

Boyd, D., *Taken Out of Context: American Teen Sociality in Networked
　　　Publics*, PhD Dissertation, University of California-Berkeley, School of

Information, 2008

Brumberg, J. J., *The body project: An intimate history of American girls*, Vintage, 1998

Chun, W. *Programmed visions software and memory*, Cambridge, Mass.: MIT Press, 2011

Driscoll, C., Girls: *feminine adolescence in popular culture & cultural theory*, New York: Columbia University Press, 2002

Duffy, B. E., *(Not) getting paid to do what you love: Gender, social media, and aspirational work*, Yale University Press, 2017

Featherstone, M., *Body, image and affect in consumer culture*, Body, 2010

Felski, R., *The gender of modernity*, Harvard University Press, 1995

Freedman, C., *High tech and high heels in the global economy: Women, work, and pink-collar identities in the Caribbean*, Durham: Duke University Press, 2000

Frost, L., *Young women and the body: A feminist sociology*, Springer, 2001

Fuchs, C. & Sandoval. M., *Critique, Social Media and the Information Society*, Routledge, 2014

Fuchs, C., *Culture and Economy in the Age of Social Media*, Routledge, 2015
_____, *Digital Labour and Karl Marx*, Routledge, 2011
_____, *Social Media: A Critical Introduction*, SAGE, 2013

Gehl, R., W., *Reverse engineering social media: software, culture, and political economy in new media capitalism*, Philadelphia, Pennsylvania: Temple University Press, 2014

Harris, A., *Future Girl*, Routledge, 2004

Hayles, K., *how we became posthuman: Virtual Bodies in Cybernetics, Literature, and Informatics*, the University of Chicago Press, 1999

Hochschild, A. R., *The managed heart: Commercialization of human feeling*, Berkeley: University of California Press, 1983

Lazzarato, M., *Immaterial Labour,* trans. Paul Colilli & Ed Emory, in Paolo Virno & Michael Hardt, eds., Radical Thought in Italy, Minneapolis: University of Minnesota Press, 1996

Manovich, L., *Software takes command: extending the language of new media*, New York: London: Bloomsbury, 2013

Marwick, A., *Status Update*, Yale University Press, 2013

McRobbie, A., *Aftermath of feminism*, SAGE, 2009

_____, *Be Creative*, Polity, 2016

_____, *Feminism and youth culture*, London: Macmillan, 1991

Nayak, A. & Kehily, J., ch. 4. *Relations in Late-Modernity: Young Femininities and the New Girl Order from Youth and Culture: Young Masculinities and Femininities, Basingstoke* (England); New York: Palgrave Macmillan, 2008

Nickson, D., Warhurst, C., & Dutton, E, *Aesthetic labour and the policy-making agenda: time for a reappraisal of skills?*, 2004

Pasquale, F., *The black box society: the secret algorithms that control money and information*, Cambridge: Harvard University Press, 2015

Pink, S., *Digital Ethnography: Principles and Practice*, SAGE, 2013

_____, *Doing Visual Ethnography: Images, Media and Representation in Research*, SAGE, 2001

Rodgers, D., *The work ethics in industrial America: 1850~1920*, Chicago: University of Chicago Press, 1978

Scholz, T. (Ed.), *Digital labor: The internet as playground and factory*, Routledge, 2012

Sennett, R., *The corrosion of character: The personal consequences of work in the new capitalis*, New York: Norton, 1998

_____, *The culture of the new capitalism*, London: Yale University Press, 2006

Terranova, T., *Network culture: Politics for the information age*, London: Pluto Press, 2004

Thayne, M., *Friends like mine: The production of socialised subjectivity in the attention ecoomy*, Culture Machine 13, 2012

Turkle, S., *Life on the screen: Identity in the age of the Internet*, London: Phoenix, 1995

Turner, G., *Ordinary people and the media: The demotic turn*. SAGE, 2006

Weeks, K., *The problem with work*, Durham: Duke University Press, 2011

Wolf, N., *The beauty myth: How images of beauty are used against women*, Random House, 1991

Andrejevic, M.,The work that affective economics does. *Cultural studies*, 25(4-5), 2011

Bartky, S., "Foucault, Femininity and the Modernization of Patriarchal Power." *Feminism and Foucault: Reflections on Resistance*, by Irene Diamond, Northeastern Univ. Press, 1988

Boyd, D., "Sexing the Internet: Reflections on the role of identification in online communities," *Presented at Sexualities, medias and technologies: theorizing old and new practices*, University of Surrey, June 21-22, 2001
_____, "Why Youth (Heart) Social Network Sites: The Role of Networked Publics," 2007

Dean, J., "Communicative Capitalism: Circulation and The Foreclosure of Politics," *Cultural Politics* (Bloomsbury Publishers); Mar 2005, Vol. 1 Issue 1, 2005

Driscoll, C & Gregg, M., "Broadcast Yourself: moral panic, youth culture and internet studies In B. Smaill and U Rodrigues," *Youth media in the Asia Pacific Region*, Newcastle: Cambridge Scholars Press, 2008

Gill, R. and Scharff, C., New femininities: postfeminism, neoliberalism, and subjectivity, New York, 2013: Palgrave Macmillan Gill, Rosalind, "Post-postfeminism?: New Feminist Visibilities in Postfeminist Times," *Feminist Media Studies*, 16-4, 2016

Gray, A., Enterprising "femininity: New modes of work and subjectivity," *European Journal of Cultural Studies* 6-4, DOI: https://doi.org/10.1177/13675494030064003, 2003

Li, L., Ahn, C., Narantuya, L., Park, S., & Zhao, X., "Analysis of the current state and the curriculum of beauty related higher education programs in Korea," *Journal of the Korean Society of Clothing and Textiles* 40-2, 2016

McRobbie, A., "Reflections on feminism, immaterial labour and the post-fordist regime," *New Formations* 70, 2011

_____, "Working class girls and the culture of femininity," *Women's studies group(eds) Women take issue: Aspect of women's subordination*, London: Hutchinson/CCCS, 1978

Murthy, D., "Digital Ethnography An Examination of the Use of New Technologies for Social Research," *Sociology* 42-5, 2008

Terranova, T., "Free Labor: Producing Culture for the Digital Economy," *Social Text* 18-2, 2000

Tyner, K., & Ogle, J. P., "Feminist perspectives on dress and the body: An analysis of Ms. Magazine, 1972 to 2002," *Clothing and Textiles Research Journal* 25-1, 2007

Warhust, C. & Nickson, D., ""Who's got the look?" Emotional, aesthetic and sexualized labour in interactive services," *Gender, Work & Organization* 16-3, DOI: https://doi.org/10.1111/j.1468-0432.2009.00450.x, 2009

_____, "Employee experience of aesthetic labour in retail and hospitality," *Work, Employment & Society* 21-1, DOI: https://doi.org/10.1177/0950017007073622, 2007

Warhust, C., Nickson, D., Witz, A & Cullen, A., "Aesthetic labour in interactive service work: Some case study evidence from the 'new' Glasgow," *Service Industries Journal* 20-3, DOI: https://doi.org/10.1080/02642060000000029, 2000

Witz, A., Warhurst, C. & Nickson, D., "The labour of aesthetics and the aesthetics of organization," *Organization* 10-1, DOI: http://dx.doi.org/10.1177/1350508403010001375, 2003